EL LIBRO DEL AMOR

DR. FRANK ANDREWS

EL LIBRO DEL AMOR

Traducción de Alejandro Pareja

EDAF
PSICOLOGÍA Y AUTOAYUDA
MADRID - MÉXICO - BUENOS AIRES - SAN JUAN - SANTIAGO
2005

Título del original:
THE ART AND PRACTICE OF LOVING

Diseño de cubierta: David Reneses

Editorial Edaf, S. A.
Jorge Juan, 30. 28001 Madrid
http://www.edaf.net
edaf@edaf.net

Edaf y Morales, S. A.
Oriente, 180, n.º 279. Colonia Moctezuma, 2da. Sec.
15530 México D. F.
http://www.edaf-y-morales.com.mx
edafmorales@edaf.net

Edaf del Plata, S. A.
Chile, 2222
1227 Buenos Aires, Argentina
edafdelplata@edaf.net

Edaf Antillas, Inc.
Av. J. T. Piñero, 1594
Caparra Terrace
San Juan, Puerto Rico (00921-1413)
edafantillas@edaf.net

Edaf Chile, S. A.
Huérfanos, 1178 - Of. 506
Santiago - Chile
edafchile@edaf.net

Septiembre 2005

I.S.B.N.: 84-414-1715-6
Depósito legal: M-36.564-2005

PRINTED IN SPAIN IMPRESO EN ESPAÑA

Imprime Cofás, S.A. - Pol. Ind. Prado de Regordoño - Móstoles (Madrid)

A Karen y Elizabeth:
Que su generación sea de paz y amor.

Índice

Agradecimientos

TENGO una deuda profunda con cada uno de mis numerosos maestros, y con los centenares de estudiantes y de amigos que me han abierto su corazón para que yo pueda aprender. Doy las gracias, sobre todo, a Hal Zina Bennett, a Peter Beren y a Larry Forsberg por haber prestado su ánimo al proyecto del libro en momentos cruciales y por haber aportado su propia experiencia imprescindible. Quedo agradecido a H. Michael Ellerby por haberme apoyado a mí y al proyecto desde el principio mismo, y por haber exigido el máximo nivel posible de contenido y de expresión. Expreso mi reconocimiento a Connie Zweig por su trabajo como editora, a Paul Murphy por su labor de supervisión del diseño y la producción, y a Jeremy Tarcher por su visión del proyecto, que ha marcado una gran diferencia para el libro y para mi propio desarrollo.

Agradezco a Karen, Elizabeth y Jeanie su inspiración y su apoyo incansable, y a Elizabeth su valioso trabajo de corrección creativa.

Cuando pienso en mi propio camino de amor, se me hace un nudo en la lengua al intentar expresar con palabras la gratitud que siento. He seguido un camino abierto hace milenios y labrado por incontables personas con sus risas, sus lágrimas y su amor. Les expreso mi profunda gratitud. Y para el Poder que las puso allí, no existen palabras adecuadas, si no es volver a comprometer mi vida con seguir un camino de amor.

Llegará un día en que,
después de dominar el espacio,
los vientos, las mareas y la gravedad,
dominaremos para Dios las energías del amor.
Y, ese día, por segunda vez
en la historia del mundo,
habremos descubierto el fuego.

TEILHARD DE CHARDIN

Prefacio

La Tierra es el mejor lugar para el amor:
no conozco otro donde pueda ir mejor.

ROBERT FROST

ESTE libro es una guía del arte de amar de manera profunda y continua, sin que importe lo que le suceda a lo largo de su vida. Usted puede ser joven o viejo, soltero, casado feliz o infeliz en su matrimonio, viudo o divorciado. Usted puede estar aburrido de la rutina o empezando algo completamente nuevo; embarazada por primera vez o viendo que su hijo más joven se marcha de casa; empezando un trabajo nuevo o perdiendo el antiguo o jubilándose; mudándose a su primer hogar propio o a una residencia de ancianos; rodeado de amigos y parientes, o completamente solo; sano y fuerte, o padeciendo una enfermedad terminal. Sean cuales sean sus actividades y sus circunstancias, la vida lo reta a apreciarlas y a celebrarlas, sin que importe lo que a usted le gusten o disgusten; lo reta a inspirar cariño y alegría en todo lo que haga.

Oh, la peor de todas las tragedias no es morir joven, sino vivir hasta cumplir los setenta y cinco sin haber vivido verdaderamente.

MARTIN LUTERO KING

Existen millones de personas que sueñan con la inmortalidad pero no saben qué hacer una tarde lluviosa de domingo.

SUSAN ERTZ

A pesar de toda la atención que presta nuestra sociedad para lograr el éxito a base de alcanzar metas, es evidente que el éxito no es un estado que alcanzan las personas: el éxito es una experiencia interior. El mero hecho de alcanzar una meta no produce por sí mismo el placer y la satisfacción que parecía prometer.

Aunque todos vemos a personas que alcanzan con éxito sus objetivos de educación y de trabajo, también las vemos perder interés y significado en sus carreras profesionales, y a veces llegan a quemarse. Vemos a personas que se casan con la persona *perfecta,* y que crían a los hijos *perfectos* de sus sueños, pero que son incapaces de mantener un verdadero afecto, calor e intimidad en sus familias. Vemos a personas que consiguen ir acrecentando su cuenta corriente, pero que nunca experimentan la riqueza y la seguridad que creían que les ofrecería el dinero. Incluso a los que tienen mayor habilidad en alcanzar metas pueden faltarles las aptitudes necesarias para extraer entusiasmo y placer de las circunstancias favorables de sus vidas. Pueden cumplir la misión, pero no son capaces de aprovechar el proceso ni sus resultados para obtener la satisfacción y alegría más profundas con las que soñaron.

De modo que perviven la fe, la esperanza y el amor; pero la mayor de ellas es el amor. Persigamos el amor.

SAN PABLO

Un mandamiento nuevo os doy: que os améis los unos a los otros.

JESUCRISTO

Que el discípulo cultive el amor sin medida hacia todas las cosas. Que lo cultive un corazón de amor sin límites hacia todo el mundo, hacia arriba, hacia ahajo, hacia su alrededor... Pues en todo el mundo es mejor este estado del corazón.

BUDA

Son incontables los hombres y mujeres con sabiduría que han enseñado que el propósito principal de la vida no es aprender y practicar el arte de alcanzar metas, sino el arte de amar. Esos expertos, cuyas enseñanzas se remontan a cinco mil años o más, hicieron del amor su preocupación última, y siguieron el camino del amor como camino espiritual, un camino hacia Dios. Sean cuales sean las relaciones que usted pueda mantener con una religión establecida, amar todo lo que se le presenta en la vida es una disciplina espiritual.

Este camino vital, aunque está lleno de personas, actividades y objetos que nos resultan familiares, nunca deja de revestirse de nueva belleza y significado al ir dominando el arte de seguirlo. Por muy lejos que haya llegado por un camino de amor, nunca podrá imaginarse cómo será la vida después de la próxima revuelta del camino.

¿Quién es el hombre que sigue el Camino?
Cuando abre la ventana, roba la luz de la Luna;
Cuando se mueve en su asiento, vuelve el rostro al arroyo claro.

RAKAN

Usted dedica una gran parte de su vida a actividades *menores,* en vez de a las *mayores;* por ejemplo, a lavar los platos, hablar con un amigo o ir en coche al trabajo. Por lo tanto, es precisamente en esas actividades diarias en las que usted recorre su camino de amor; de lo contrario, solo disfrutará de algunos momentos de amor aislados, como mucho. Por bien que le vaya en las actividades mayores, necesita la capacidad de amar incluso a las criaturas más pequeñas y la actividad más humilde, para estimar las circunstancias de la vida diaria. No necesita obtener éxitos que salten a la vista, ni encontrar a alguien tan maravilloso que le haga perder el sentido, para poder vivir con amor.

Un viaje de mil millas debe empezar con un paso.

LAO TSE

Incluso cuando usted recorre un camino largo, son todos sus pequeños pasos los que lo llevan hasta su destino. Esto es bueno para los que queremos practicar el amor: existen muchos pequeños pasos que nos permiten practicarlos —darnos una ducha, preparar la cena, escuchar la risa de los niños.

Cada profeta y cada santo tienen su camino,
pero todos conducen a Dios:
En realidad, todos los caminos son el mismo.

RUMI

Este camino, con sus alegrías y sus desafíos, está bien trillado: está desgastado por el cariño, las risas y las lágrimas de millares de generaciones de antepasados nuestros, que han abierto sus corazones al mundo, a sus semejantes, a su trabajo y a sus vidas. Los viajeros religiosos y espirituales de todas las tradiciones (consejeros, curadores, poetas, escritores, filósofos, sociólogos y amantes natos reflexivos) han descubierto que un conjunto determinado de hábitos, en cuanto a pensamientos, actitudes, planteamientos, creencias y prácticas, les permitían amar mejor. Este libro puede enseñarle esos hábitos.

> *Formúlate a ti mismo, y solo a ti mismo, una pregunta: ¿Tiene corazón este camino? Todos los caminos son el mismo; no conducen a ninguna parte. Son caminos que atraviesan la maleza o que entran en la maleza [...] ¿Tiene corazón este camino? Si lo tiene, el camino es bueno; si no lo tiene, no sirve para nada.*
>
> DON JUAN (CARLOS CASTANEDA)

¿Adónde se dirige para responder a la pregunta de don Juan sobre si este camino tiene corazón? Desde luego que no a sus circunstancias (su trabajo, su familia, sus logros, su casa). Tiene que dirigirse a su propia experiencia en el camino, para descubrir cuánto corazón le ha dedicado. Sea cual sea su respuesta, la verdad es que siempre puede dedicar más corazón a su camino. Nunca llegamos a dominar plenamente el arte de igualar «vivir» con «amar».

> *Quítate las sandalias, pues este suelo que pisas es santo.*
>
> DIOS, A MOISÉS, DESDE LA ZARZA ARDIENTE

> *La Tierra está llena de cielo,*
> *y todas las zarzas arden de Dios;*
> *pero solo el que ve se quita las sandalias;*
> *los demás se sientan al lado y cogen las moras.*
>
> ELIZABETH BARRET BROWNING

Usted puede aprender a ver el amor de Dios en todas las zarzas; no a base de buscar y buscar hasta que encuentre una zarza más espectacular que las corrientes, sino cultivando su propio acercamiento de amor hacia todas las zarzas de su mundo.

El mundo cambiará por tu sonrisa...
Sentarse, sonreír, mirar las cosas y verlas de verdad:
Estas son las bases del trabajo por la paz.

THICH NHAT HANH

Las razones que lo impulsan a comprometerse con un camino de amor no son únicamente personales. La humanidad ha desarrollado unas capacidades tan enormes, tanto para cuidar como para destruir, que el amor se nos exige como servicio hacia toda la vida, tanto presente como futura. El órgano principal de la sociedad es el corazón humano, pero el mundo nunca había conocido una necesidad tan grande de sabiduría *del corazón,* una sabiduría basada en el amor.

Para que podamos vivir de alguna manera, es necesario que vivamos juntos con paz y con dignidad, y solo amando podremos vivir juntos con paz y con dignidad. Además, dado que la Tierra cada vez se acerca más al límite de su capacidad sustentadora, solo podrá seguir manteniendo la vida si es tratada con el respeto que nace del amor. El mayor obsequio que podemos ofrecer al mundo y a la posteridad es el amor.

Al fin y al cabo, vivimos en un planeta hermoso, y lo compartimos con otras criaturas asombrosas y de gran diversidad. Tenemos un rico legado cultural de los que nos han precedido, personas que han derrochado sus fuerzas para sobrevivir y para asegurar las vidas de sus sucesores. Su concepción era que sus hijos vivirían con alegría y en paz. Nosotros somos sus hijos. Solo si vivimos con alegría y en paz, solo si superamos nuestros deseos y nuestros miedos inacababies y convertimos la vida sobre la Tierra en una celebración perpetua del mundo digno de ser amado en que vivimos, solo así coronaremos con el triunfo las vidas de los que han vivido y amado antes de nosotros.

Cómo utilizar este libro

Sí se puede sacar algo en limpio de un libro. Ese algo puede ser tan importante que te permita reconocer la verdad.

IDRIES SHAH

Lee para practicar lo que lees; no leas por leer.

SAI BABA

Este libro consta de tres partes: las prácticas, las citas y el texto. Las prácticas son agradables en su mayoría; están pensadas para reforzar su capacidad de crear experiencias de amor y de eliminar los bloqueos que le impiden amar. Aunque pueden dar la impresión de ser sencillas, algunas de ellas, bajo una forma idéntica o semejante, han servido de práctica espiritual para toda una vida a incontables personas que vivieron antes que usted. La práctica del amor se refuerza a sí misma, de manera que, al ir progresando, aumentarán proporcionalmente sus gratificaciones. Esto quiere decir que el trabajo exige paciencia y confianza: confianza en que las mejores ideas y prácticas que ha desarrollado la humanidad para fomentar el amor tienen verdadero valor y darán resultado para usted.

Las citas, tomadas en su mayoría de tradiciones religiosas o espirituales, pretenden representar a todos los que nos han precedido de esta manera.

Pedid, y se os dará; buscad, y encontraréis; llamad, y os abrirán. Porque todo el que pide, recibe, y el que busca, encuentra, y al que llama le abren.

JESUCRISTO

Ve despacio y llegarás antes.

MILAREPA

Cuando leo un libro, me gusta relajarme, poner los pies en alto y subrayar algunas ideas que me gustan especialmente. Si el libro contiene ejercicios prácticos, me gusta pensar en amigos a los que les vendrían bien. Este planteamiento relajado es divertido, pero no me ayuda a desarrollar mis habilidades. Del mismo modo que, cuando se aprende cualquier conjunto de habilidades, adquirir dominio en el arte de abrir y dar calor a su corazón exige conocimientos, dedicación, práctica y enseñanzas.

Usted ha demostrado muchas veces que tiene capacidad de amar. Puede cultivar esa capacidad con este libro de trabajo, que se dirige tanto a su mente como a su corazón. Hace falta trabajo y práctica para crearse nuevos hábitos y para reforzar las habilidades que le permiten igualar «vivir» con «amar». Las anécdotas inspiradoras pueden motivarlo, pero no harán el trabajo por sí solas. Solo usted puede hacerlo, a base de práctica, solo o quizá con otras personas.

No se limite a hacer las prácticas una vez y dejarlas. Su reacción a cualquiera de ellas variará de un día para otro, o de un mes o un año para otro. Por muchas veces que haga la práctica, esta seguirá invitándolo a volver a ella para que aprenda más sobre sí mismo y sobre el amor, para que profundice en su compromiso de amor, y para hacerle superar las barreras que le impiden amar.

El objetivo de toda práctica espiritual es el amor.

SAI BABA

El amor es fruto de la costumbre.

LUCRECIO

Muchas de estas prácticas suponen escribir en un diario que usted lleva con ese propósito. No tiene nada de malo limitarse a leer y a pensar en lo que se lee, pero puede resultar más poderoso escribir. Por escrito, usted reflexiona sobre sus experiencias en las prácticas, y explora con más profundidad, con más cuidado, el modo en que las diversas ideas se relacionan con su propia vida. Dado que usted registra estas exploraciones, puede releerlas más tarde, y seguir adelante desde el punto en que se quedó. Una práctica escrita parece finita, factible, en vez de abrumadora. Por supuesto, también le resultará valioso comentar sus exploraciones con otras personas, pero suele ser difícil encontrar a las personas adecuadas. El diario puede acompañarlo a todas partes, invitándolo a entrar en sus páginas siempre que disponga de un momento. Nunca le hace juicios condenatorios, y sabe guardar un secreto. Su diario será su mejor amigo en su camino de amor.

El resultado de una práctica nunca es *acertado* ni *equivocado;* ningún resultado es *mejor* o *peor* que otro. Todas las prácticas, y sus resultados, forman parte del camino de amor que usted recorre a lo largo de toda su vida. Si el propósito de una práctica es amar algo, pero usted se queda en blanco o siente dolor o tristeza, esa experiencia le resultará útil. Después de un ejercicio determinado, un atleta puede sentirse dolorido en vez de más fuerte, pero eso no quiere decir que debería haberse saltado el ejercicio. Cada práctica le hará aprender y desarrollarse, sin que importen sus resultados concretos. Los beneficios no los recogerá en ninguna práctica concreta, sino en toda su vida en general.

Usted puede leer este libro como fuente de ideas o de inspiración, pero también es un libro de trabajo para toda una vida. Nuestra cultura ofrece pocas herramientas para abrir el corazón y para darle calor. En vez de ello, nos enseña herramientas poderosas de la mente para analizar y controlar el mundo exterior. Trabajamos muy duro para dominar esas herramientas y para controlar ese mundo. He aquí algunas herramientas para disfrutar del proceso, para amar por el camino. Sin duda, también merecen algo de trabajo por nuestra parte.

Cuando usted opta por seguir un camino de amor, está asumiendo su humanidad y, al mismo tiempo, confiando en el mundo. Es el mayor acto de amor que puede realizar.

No dejaremos de explorar;
y el final de nuestra exploración
será llegar al punto de partida
y conocerlo por primera vez.

T. S. ELIOT

Sal de tu sueño, viejo gato,
y, entre grandes bostezos y estiramientos,
sal a buscar el amor.

ISSA

1

Amar: ¡Un «sí» de todo corazón!

Si hablo con las lenguas de los hombres y de los ángeles, pero no tengo amor, soy como el bronce que vibra o como el platillo que resuena. Y si tengo el don de la profecía, y comprendo todos los misterios y todo el conocimiento, y si tengo tanta fe que pueda mover las montañas, pero no tengo amor, no soy nada. Y si reparto entre los pobres todo lo que tengo, y entrego mi cuerpo a las llamas, pero no tengo amor, de nada me aprovecha.

SAN PABLO

Donde hay amor, ¿qué puede hacer daño?
Donde no lo hay, ¿qué puede ser de provecho?

SAN AGUSTÍN

IMAGÍNESE que hace la misma vida que ahora, pero amando de manera profunda y constante: disfrutando del calor de su ducha de la mañana, saboreando el olor del desayuno que se prepara, celebrando los pájaros que se encuentra al ir al trabajo, sintiendo vínculos de cooperación con sus compañeros de trabajo, estimando a los miembros de su familia, y apreciando profundamente a toda persona o cosa que tenga a mano. Visualícese haciendo las actividades de un día corriente mientras siente un cariño profundo por lo que hace, un día con todos los momentos llenos de sensibilidad, afecto, calor y asombro. Esa vida llena de amor es su derecho inalienable como ser humano.

Seguramente, usted comparte la convicción profunda de la sociedad de que ama como reacción a lo que le sucede cuando se encuentra con un objeto especialmente digno de amor; de que su amor es una reacción automática ante algo o alguien especialmente digno de amor.

Si es así, unas afirmaciones como las que encabezan este capítulo pueden parecer consejos buenos pero imposibles de llevar a la práctica.

Pero la gran verdad es que usted puede aprender a amar, de manera profunda y continuada, sin que importen las circunstancias, casi del mismo modo en que puede aprender a practicar un deporte o a tocar un instrumento musical. La sociedad se centra en encontrar objetos especialmente dignos de amor, pero lo más probable es que usted siga con la misma familia, con el mismo trabajo y en la misma casa durante una buena parte de su vida, de modo que es difícil que encuentre más amor a base de encontrar objetos más dignos de amor. Tiene que centrarse en usted mismo, en la persona que ama. Son su habilidad y su voluntad las que convertirán el «vivir» en «amar». Las ideas y las prácticas de este libro están dedicadas a que usted alcance esa habilidad y esa voluntad.

¿Qué quiere decir «amar» para usted?

¿Cómo te amo? Deja que te cuente las maneras.

ELIZABETH BARRETT BROWNING

Un primer paso que resulta útil para empezar a avanzar en cualquier terreno es descubrir qué es lo que ya se sabe sobre el tema, los significados que llevamos con nosotros. La gente se agarra a lo que ya sabe acerca de un tema, y se resiste a aceptar cualquier cosa que sea diferente, aunque solo sea para probar una idea nueva y ver qué resultado da. A lo largo de sus experiencias vitales y de las enseñanzas que ha recibido de la cultura a la que pertenece, no cabe duda que usted ha formulado muchos significados de lo que es amar. Una parte de lo que ya sabe le ayuda a amar con más profundidad, y otra parte le estorba. De modo que vale la pena examinar lo que usted asocia ahora mismo con el término «amar».

Práctica 1

¿QUÉ SIGNIFICA «AMAR» PARA USTED?

Abra en su diario una página encabezándola con las palabras: «¿Qué significa "amar" para mí?». A continuación, escriba una lista de los significados que le vengan a la cabeza al formularse esa pregunta. Dedique algunos minutos, por lo menos, a escribir al menos una o dos palabras clave que le permitan recordar fácilmente cada significado. Aspire a encontrar una buena cantidad de significados, aunque algunos sean contradictorios entre sí. Cuando crea que los ha enumerado todos, cierre los ojos y pregúntese a sí mismo: «¿Qué otra cosa significa "amar" para mí?».

Cuando haya agotado su lista de momento, repase los elementos que más puedan aportarle para adquirir más amor; por ejemplo: «Amar quiere decir que estoy llevando a cabo el propósito para el que he venido a este mundo». Considere también cuáles pueden suponer un obstáculo, por ejemplo: «Amar a alguien supone someterse a esa persona». «Amar a alguien es una manera de hacerse daño.» «Soy demasiado viejo (poco atractivo, tímido, delgado) para amar a alguien.»

Cuando siga adelante con la lectura de este libro, sus creencias sobre los significados de «amar» cambiarán en función de sus experiencias.

Vuelva a esta práctica de vez en cuando, y sus progresos se reflejarán en sus respuestas.

Práctica 2

RECUERDE LAS VECES EN QUE HA AMADO DE VERDAD

En esta práctica, usted recuerda y vuelve a visualizar las ocasiones de toda su vida en las que ha amado con una intensidad especial. Así se agudizará su visión de una vida más llena de amor y se acostumbrará a centrar su atención en el amor. Al cabo de poco tiempo, es posible que sea capaz de realizar esta práctica en cualquier momento, y de recordar tanto amor intenso en el día anterior o en la última hora como ahora recuerda en toda su vida.

Abra en su diario una página con el encabezamiento: «Veces en las que he amado de verdad». Después, repase toda su vida y escriba una lista de las veces que recuerde. También en este caso, debe procurar encontrar la mayor cantidad posible, anotando cualquier cosa que recuerde. Amplíe cada elemento de la lista anotando datos concretos: lugar, personas, animales, pensamientos, sentimientos y actos.

Cierre los ojos y vuelva a vivir en la imaginación ocasiones especialmente amorosas. Esos recuerdos del amor son tesoros que usted puede sentir siempre que quiera. Úselos en cualquier momento en que quiera pasar a un esquema mental más lleno de amor, o apreciar más a fondo los momentos más ricos de su vida. No tenga miedo de abusar de un recuerdo determinado; existen algunos que pueden brindarle toda una vida de placer.

Amar es vivir un «sí» de corazón

El amor es el afirmativo de los afirmativos.

RALPH WALDO EMERSON

Cuando es «sí», una niña naga alcanza la budidad en un instante; cuando es «no», el más sabio de los zensho cae vivo en el infierno.

YOKA DAISHI

Cuando reflexione sobre las veces que ha amado, advertirá en primer lugar que amar no es solo un pensamiento, un sentimiento o una acción, sino que es las tres cosas a la vez: amar es una experiencia. Las experiencias amorosas son a veces tan fuertes que nos abruman, y otras veces no son más que un guiño o una caricia en medio de un día agitado. Para distinguirlas unas de otras, he aquí una lista de treinta etiquetas para lo que yo llamo *calentamientos del corazón* del amor.

Admiración	Conciencia	Mimo
Afecto	Consideración	Paz
Agradecimiento	Curiosidad	Regocijo
Agrado	Desvelo	Respeto
Alegría	Disfrute	Respuesta
Asombro	Entrega	Sensibilidad
Atención	Entusiasmo	Solicitud
Calor	Estima	Ternura
Cariño	Interés	Unidad
Celebración	Intimidad	Vinculación

Estas experiencias calentadoras del corazón son el tema de este libro; las resumo con la palabra *amor.*

Lo que tienen en común todas estas experiencias es una respuesta positiva a lo que se está amando. Amar es vivir un «sí» de corazón, un sí que calienta el corazón. Una experiencia de amor es aquella en la que usted se aproxima al objeto con una actitud positiva, piensa en él positivamente y actúa abiertamente hacia él. Usted puede añadir amor a cualquier experiencia añadiendo un «sí» al modo en que la interpreta.

Si advierte que está cansado de cualquier cosa, puede vincularse con ella con un «sí» de corazón, y su experiencia se convierte en interés primero, en entusiasmo después. Si advierte que está alienado con respecto a alguien, puede sentir calor hacia él a base de interpretarlo con un sí de corazón, y su experiencia se convierte en estima, en cariño o incluso en afecto. El camino del amor es el camino del «sí».

Aprecie cada experiencia de calentamiento del corazón, cuando las tenga. Cuando esté ante un árbol, ame el árbol. Cuando esté ante una hoja, ame la hoja. No necesita clasificar una experiencia como superior a la otra, aunque recoja la hoja con el rastrillo y la arroje al montón de la basura. Si define algunos calentamientos del corazón como inferiores al amor, llegará a experimentarlos como algo menos que amor. Dado que así resultan menos gratificantes para usted, su definición estrecha del amor le hará amar con menor frecuencia.

Práctica 3

VOLVER A VIVIR LOS CALENTAMIENTOS DEL CORAZÓN DEL AMOR

Cada uno de los calentamientos del corazón citados anteriormente recoge un matiz ligeramente distinto de la experiencia de amar. En esta práctica, usted vuelve a vivir momentos de su pasado en los que ha vivido esas experiencias. Esto ampliará su apreciación del alcance del amor, y también le llevará a reconocer que usted es y siempre ha sido un amante (el que ama). También estará practicando para el futuro, pues repetirá en la realidad los esquemas que practica en la imaginación.

Tome de la lista uno de los significados de «amor»; por ejemplo, *asombro.* Abra en su diario una página con el encabezamiento «Veces que he sentido asombro». Puede ser útil añadir una breve definición de la palabra; en este caso, movido por su admiración ante el hecho de lo que existía antes de que usted pudiera compartir su mundo. Enumere algunos incidentes en los que sintiera asombro. ¿Qué le viene a la cabeza? Puede que se trate de aquella vez que su perra tuvo perritos. Si obtiene una imagen, no la deje; aclárela y hágala más vívida. Contemple las imágenes, huela los olores, escuche los sonidos. ¿Qué sentía? ¿Qué pensaba? ¿Qué hacía? Vuelva a vivir esa experiencia en su imaginación.

Si le resulta problemático encontrar una ocasión en la que sintió asombro, es que está buscando un incidente demasiado importante. Piense en algunos asombros *pequeños* y vuelva a intentarlo: tocar el pie de un niño recién nacido, detenerse en la acera para admirar una telaraña cubierta de rocío.

Cuando haya disfrutado de la experiencia del asombro, elija otro calentamiento del corazón de la lista, encabece con él otra página del diario y vuelva a vivir ocasiones en las que haya sentido esa experiencia: cuando lavó y vendó la rodilla herida de su hermana, con tanto *cariño* hacia ella. Cuando se *regocijó* por poder ayudar a su madre a preparar una fiesta de cumpleaños. Cuando tuvo una *respuesta* de afecto cuando su novia estaba dolida por haber perdido su puesto de trabajo. Advierta que sus experiencias de calentamiento del corazón le aportaron un beneficio inmediato: fueron fines en sí mismas, y no medios para alcanzar un fin.

Práctica 4

INTRODÚZCASE EN UNA EXPERIENCIA DE CALENTAMIENTO DEL CORAZÓN

Esta práctica se combina bien con la anterior. Una vez sensibilizado por haber vuelto a vivir una experiencia anterior de calentamiento del corazón, usted se sitúa voluntariamente en una experiencia de ese tipo en este momento, con los sucesos y las circunstancias del momento. De este modo, usted toma lo que puede aprender de las veces que ha amado en el pasado para que le ayude a practicar el amor en el presente.

Elija una de las experiencias de calentamiento del corazón de la lista y entre en esa experiencia ahora mismo. Cuando tiene esa experiencia, ¿qué pensamientos tiene? Recuérdelos ahora. Cuando tiene esa experiencia, ¿cómo se comporta? ¿Cuál es su postura, su estado de tensión o de relajación? Compórtese así ahora. ¿Cómo se siente cuando tiene esa experiencia? Siéntase así ahora.

Tenga paciencia y no desprecie los resultados de esta práctica, sean cuales sean. Al ir adquiriendo experiencia, descubrirá que los resultados son cada vez más gratificantes al volver a practicar una y otra vez.

Esperar a encontrar algo digno de ser amado

> *El amor quiere decir dejar a un lado los muros y las barreras, abrir las puertas y decir SI... Podemos estar en el paraíso, simplemente a base de decir «sí» a este momento.*
>
> EMMANUEL (PAT RODEGAST)

Algunas personas preferirían limitar el uso de la palabra *amar* a esos casos en que nos sentimos abrumados por lo digna de amor que es una persona o una cosa. Por ejemplo, Elizabeth Barrett Browning escribió:

> *Si no estás dispuesto a morir cuando acabe el sueño,*
> *oh, no lo llames amor.*

Si usted ha sentido alguna vez un amor de este tipo, atesore su recuerdo: su admiración, su regocijo y su sensibilidad. Pero no se aferré a esos amores pasados, pues le cerrarán su capacidad de amar presente y futura. Conserve esos recuerdos como muestra de cómo puede ser su vida en gran parte, con los sucesos y con las personas de hoy, no solo con las pocas que le abrumaron en el pasado.

Estos amores abrumadores pueden marcar un nivel que cierra el paso a oportunidades *menores.* Usted puede quedarse atascado con imágenes de cómo *debería* ser el amor. Sus amigos, y los medios de difusión, pueden estar de acuerdo con sus expectativas de lo poco corriente que debe ser una cosa para que usted pueda amarla. No limite lo digno de amor a los pocos objetos que usted considera *dignos* de ser amados, que los hace escasos por definición. Si usted, por estos motivos, ha perdido su capacidad de amar, atesore las experiencias *pequeñas,* como la atención, la conciencia, el desvelo, el interés y el agrado, como formas de amor. Lo digno de amor no es escaso: está en todas partes. Su trabajo consiste en verlo así.

Contando las experiencias *pequeñas* como formas del amor, la fuerza de la palabra *amar* no se reduce, sino que se potencia. Usted vive un sí siempre que se abre y se compromete positivamente con el mundo. Por supuesto, no es necesario que aplique a experiencias pequeñas una palabra tan cargada de significado como *amor.* Puede contenerse, sin querer regocijarse plenamente, y esperar a que llegue «el grande», la persona o el suceso que se dirigirá a usted y lo atrapará. Usted puede pasarse mucho tiempo esperando a que llegue el grande; toda una vida, quizá. Mientras tanto, estará pasando por alto a todos los pequeños que siempre están aquí. Esperar a amar algo extraordinario impide que lo extraordinario se deslice hasta llegar a tocar lo ordinario. Amando lo ordinario, usted lo hace extraordinario.

Práctica 5

¿DE QUÉ MANERA HA AFECTADO A SU VIDA LA ESPERA PARA EL AMOR?

En esta práctica, usted repasa su vida mientras escribe en su diario, preguntándose en qué manera se ha visto afectada su vida por la espera a que llegase algo digno de ser amado. ¿Qué oportunidades para experimentar los diversos calentamientos del corazón del amor se le han presentado y usted los ha rechazado porque no le parecían adecuados, o porque se estaba guardando el amor hasta que llegase algo mejor? ¿Con qué aburrimiento ha saludado al nuevo día porque se imaginaba que sería igual al anterior? ¿Qué flor se ha dejado sin oler, qué persona sin besar, qué amigo o pariente sin apreciar?

Esta práctica está pensada para hacerle ver el poder que tienen sus creencias y sus actitudes sobre su vida. Lo que descubra puede hacerle más fácil poner a prueba otras creencias y actitudes para amar más.

Práctica 6

¿CUÁNDO HA AMADO EN LAS ÚLTIMAS VEINTICUATRO HORAS?

E] ojo del amor vuelve amistosas y atractivas a todas las personas del mundo.

SAI BABA

¿Qué es la divinidad?
Es entregar una botella con todo el alma.

ENKAN

En esta práctica, usted reflexiona sobre el último día y recuerda las veces concretas en las que ha amado, es decir, en las que ha respondido a algo de su vida con un sí de corazón. Céntrese en el momento, en el aquí y ahora. Puede que se haya sentido absorto por una tarea, o que haya hecho una pausa para felicitar a un compañero de trabajo, o que haya estimado el canto de un pájaro ante su ventana. Busque los ejemplos *pequeños, corrientes* de amor, y los encontrará.

Cuando su vida vaya enriqueciéndose de amor, esta práctica se convertirá cada vez más en un reconocimiento de su maestría. Podrá reducir el periodo a menos de veinticuatro horas, hasta llegar a reflexionar sobre un periodo de una hora o más corto todavía, y recordará muchos incidentes, porque usted estará respondiendo con más amor de manera natural.

Anote todas las ocasiones que pueda en las que haya amado durante las últimas veinticuatro horas. Dedique un momento a volver a vivir cada una de ellas en su imaginación. Disfrute de su visualización, y felicítese por haber convertido en amor ese momento de su vida. Consulte la lista de calentamientos del corazón para tener ideas de qué es lo que debe buscar.

Después, repita la misma práctica sobre los sucesos de la última hora. Esto le exigirá renunciar a la creencia de que el amor requiere una experiencia rara y abrumadora.

Repita la misma práctica, ahora mismo, sobre los sucesos de los diez últimos segundos. Esto le exige alternar entre prestar atención al mundo con la viva intención de apreciar algo, apreciarlo verdaderamente y escribir lo que observa.

Los objetos del amor

El verdadero amor no es un sentimiento que nos abruma. Es una decisión pensada y un compromiso.

M. SCOTT PECK

El amor es un sí de todo corazón que usted dirige a algo. Ese algo es el objeto de su amor. Ese objeto u objetos puede ser usted mismo, otras personas, el mundo, lugares, cosas, sonidos, imágenes, sabores, sentimientos, ideas, lo que hace, su vida, la totalidad de las cosas. Dios.

El cultivo del arte de amar supone aumentar el número de objetos a los que está dispuesto a amar. En último extremo, usted aumentará este número sin límite alguno, y su experiencia confirmará su capacidad de amar cualquier objeto.

Práctica 7

¿QUÉ HAY DIGNO DE AMOR EN SU VIDA?

Sesenta y seis veces han contemplado estos ojos el paso de las imágenes del otoño.
Ya he hablado bastante de la luz de la Luna.
No me preguntéis más.
Escuchad, simplemente, la voz de los pinos y los cedros, cuando no sopla el viento.

ÚLTIMA OBRA DE LA POETISA RYO-NEN

El propósito de esta práctica es que usted se dé cuenta, en cualquier momento, de que la lluvia de bienes disponibles para ser objeto de amor es tan copiosa que usted no puede siquiera llegar a hacerles justicia.

Recorra en la imaginación un día, una semana y un mes corriente, advirtiendo todos los posibles candidatos a ser objeto de su amor: personas, lugares, actividades, animales. Pregúntese a sí mismo: «¿Qué hay digno de amor en mi vida?». Reformule la pregunta sustituyendo la palabra *amor* por alguno de los calentamientos del corazón. Por ejemplo: ¿Qué hay en mi vida digno de ser celebrado? ¿Y de ser estimado? ¿A qué podría tener un cariño más profundo? ¿Qué cosas doy por supuestas y debería agradecer más? ¿A qué podría ser más sensible?

Haga uso de esta práctica cada vez que se sienta deprimido o trastornado. Pruébela cuando se despierte por la mañana, en el trabajo, conduciendo su coche, haciendo algo que no le gusta, o enfermo en cama. Partiendo del punto mismo donde está, enumere todos los objetos que sea consciente de que puede amar. Si le resulta posible, haga una lista por escrito. Cuando termine esa lista, tome una nueva hoja de papel y prepare una nueva lista que sea cinco veces más larga y que no incluya ninguno de los elementos de la primera.

Si a usted le parece que no es capaz de hacerlo, es que está limitando los objetos dignos de amor a los *objetos grandes y maravillosos*. En vez de ello, considere dignos de amor a los *objetos pequeños y maravillosos:* la manera en que los rayos de sol se reflejan en las partículas de polvo del aire, el contacto de las ropas que ciñen su cuerpo, las huellas de la nariz de su perro en las ventanillas del coche, el sonido de los pasos de un amigo.

Prepárese para la actividad del día preguntándose: «¿Qué habrá digno de amor en mi vida hoy?». No necesita motivo alguno para amarlo, salvo el hecho de que usted decide sentir cariño por ello, comprometerse profundamente con ello. Realice esta práctica hasta que tenga la sensación visceral de que sería capaz de prolongar la lista hasta el infinito, de que podría redactarla aunque estuviera sordo o ciego, aunque su movilidad dependiera de una silla de ruedas o aunque estuviera confinado en una cama de hospital.

Convertirse en un experto amante

Cuando tu mano encuentre lo que debe hacer, hazlo con todas tus fuerzas.

ECLESIASTÉS

Amor, amor, amor, esa es el alma del genio.

WOLFGANG AMADEUS MOZART

El proceso de convertirse en un experto en el arte de amar es semejante al de convertirse en un experto en cualquier otra habilidad. Exige práctica, fruto de un compromiso de superación en el momento. Una habilidad importante que es preciso practicar es el cultivo de voces internas, dentro de nuestra mente, que no obstaculizan el amor, sino que lo potencian. En el capítulo siguiente estudiaremos la primera de esas voces, una serie de creencias generalizadas sobre el amor que bloquean los progresos de las personas. Cuando usted las vea tal como son, mitos en vez de realidades, será capaz de desafiarlas en vez de guiarse por ellas, y de sustituirlas por creencias que hacen más fácil amar.

Después del último «no» llega un «sí».
De ese «sí» depende el futuro del mundo.

WALLACE STEVENS

2

Nueve mitos sobre el amor

El hombre está formado por sus creencias. Es como cree.

BHAGAVAD-GITA

Nacemos creyendo. El hombre produce creencias, como el manzano da manzanas.

RALPH WALDO EMERSON

USTED está formado por sus creencias. Como ser humano, aprendió su naturaleza de la sociedad en la que nació. Un papel principal de toda sociedad es inculcar a los niños una serie de creencias básicas: lo que es verdad, lo que es importante, lo que es posible, y qué papel ocupan ellos dentro del plan general de las cosas. Con esas creencias usted construye su realidad, sus valores, su reino de posibilidades y su sentido del yo. Para apoyar sus creencias, suele aceptar como ciertas las voces interiores que las pronuncian. Usted actúa como si fueran verdaderas, limitando así sus posibilidades a las que le permite el sistema.

Cuando usted advierte lo mucho que pueden variar estas creencias de una persona a otra o de un grupo a otro, se da cuenta de que lo que todos nosotros tenemos en común no es el contexto de ningún conjunto determinado de creencias. Más bien, se trata del hecho de que tenemos *algún* conjunto de creencias básicas que *sabemos* que son ciertas. Vivimos nuestras vidas en consonancia con estas creencias, como si estuviéramos en un trance poderoso al que nos hubiera inducido la sociedad durante nuestro desarrollo, desde la infancia hasta la edad adulta, y que nosotros induciremos sobre las generaciones futuras.

Sus creencias básicas se refuerzan a sí mismas porque, cuando usted vive su vida de acuerdo con ellas, está volviendo a confirmar su validez continuamente. Una creencia que se confirma a sí misma no es algo que usted crea conscientemente, sino algo que usted simplemente sabe que es verdad. Un ejemplo es el hecho de saber que es más importante ser amado que amar. Cuando usted se plantea la vida dando por sabida la verdad de esta voz interior, siempre que le parezca que el mundo no le está dando el amor que usted exige, se sentirá transtornado por ello. Así, una y otra vez, su experiencia confirmará su creencia. Pero lo que usted no sabe es que le resultaría fácil confirmar la validez de la voz contraria, que le dice que el amor es lo más importante y que hay gente digna de ser amada por todas partes; bastaría con que esa voz tuviera la fuerza suficiente para que usted la oyera y obrara en consecuencia.

Usted apoya la mayoría de sus esquemas de conducta en un conjunto de creencias de este tipo. Cuando advierte cómo funcionan, puede calificarlas de mitos. Pero cuando no es consciente de ello, se limita a aceptarlas, considerando que así es como son las cosas. Para aumentar el amor de su vida, debe explorar y discutir las voces que le hablan del amor, voces que ahora acepta sin discusión. Después, tendrá que desarrollar nuevas voces fomentadoras del amor, para que sustituyan a las viejas que representan un estorbo, y tendrá que potenciar cada una de sus nuevas creencias, recordando una selección de experiencias que las confirman, en vez de confirmar las creencias antiguas. Con el tiempo, basará su vida en un conjunto de creencias fomentadoras del amor que confirmará con sus experiencias de todos los días.

El mito del romance

Todo lo que contemplamos
está lleno de bendiciones.

WILLIAM WORDSWORTH

Para muchas personas, la palabra *amar* solo designa una atracción poderosa de tipo sentimental o sexual. En circunstancias óptimas, esta atracción es tan fuerte que puede arrastrarnos a la experiencia del mayor *sí* de todo corazón de su vida. Pero es muy frecuente que en cuanto hayamos probado la experiencia, la perdamos. Las relaciones pueden romperse por circunstancias externas o por voluntad de la persona amada, las características menos deseables de la persona amada pueden impedirnos mantener nuestro amor, o simplemente puede faltarnos la fuerza de voluntad y la habilidad necesarias para convertir en amor intenso unas relaciones establecidas.

El mito del romance dice que la atracción sentimental es el único amor verdadero, y que, si usted desea amar, no debe dejar de buscar la persona *perfecta,* que desencadenará en usted una reacción abrumadora de sí. En consecuencia, usted vive el sueño del amor romántico: busca y espera, con ráfagas de optimismo y emoción y largos periodos de frustración y de desánimo. Según el mito del romance, es lo único que puede hacer usted.

Es fácil entender el modo en que el romance y el sexo podrían (y, en una situación ideal, deberían) permitir el amor: un sí de todo corazón a otra persona y a nuestro propio cuerpo. Pero muchos sabemos, por experiencia propia, y los medios de difusión tampoco nos permiten olvidarlo, que el romance y el sexo pueden surgir de la biología, del aburrimiento, del egoísmo, de la fantasía, de la ira o de la frustración, con la misma facilidad con que surgen del amor.

Los aspectos románticos y sexuales de la vida ofrecen la posibilidad de hacer el amor, pero también ofrecen la posibilidad de «inventarse cosas». Usted necesita ciertas habilidades para llevar las relaciones sentimentales más allá de la fantasía y de la mecánica, y convertirlas en actos de amor: cómo ser sensible ante esta persona, cómo regocijarse con él o con ella de todas las maneras imaginables, y cómo sustentar este amor y desarrollarlo, al ir creando los recuerdos compartidos de unas relaciones largas.

Si a usted no lo ciega el mito del romance, puede aprovechar todas las relaciones sentimentales, incluso las que no parecen «la perfecta», para amar con toda la intensidad que pueda. Además de ello, puede aprovechar todos los demás terrenos de su vida para practicar el amor, con la confianza de saber que las habilidades que adquiera se traspasarán a su vida sentimental. Así, experimentará el amor en todas sus actividades y mejorará su destreza en el arte de llenarlas todas de amor.

El mito del amor romántico es un ejemplo del mito de que solo existe un terreno para el amor. A lo largo de su vida puede sentir muchas veces la tentación de creer en este mito, de identificar algo especial que *necesita* amar. Por ejemplo, si usted no tiene hijos o quiere tener más, puede que se diga a sí mismo que solo es capaz de amar verdaderamente al criar a sus hijos. Cuando sus hijos abandonan el hogar, puede decirse que se ha terminado el periodo de amor de su vida. Cuando pierde o renuncia a una parte de su vida que tenía en gran estima (su hogar, su salud, un amigo o pariente, un animal querido, su puesto de trabajo o su independencia), puede afirmar que jamás volverá a amar de verdad.

Estos mitos se confirman a sí mismos: si usted se cree uno de ellos y vive su vida basándose en esa verdad, solo experimentará el amor en ese terreno concreto. Si niega esos mitos, y practica el arte de amar en todos los terrenos, descubrirá que vive en un mundo rico y digno de ser amado.

Práctica 8

¿DE QUÉ MANERA HA AFECTADO A SU VIDA EL MITO DEL ROMANCE?

Para cada uno de los nueve mitos que estudiamos en este capítulo existe una práctica valiosa que consiste en repasar su vida, mientras escribe en su diario, estudiando el papel que ha desempeñado ese mito concreto en su amor. En algunos casos, recordará nítidamente la manera en que una creencia le ha impedido amar. En otros casos, se dará cuenta de que jamás ha creído en el mito, o de que ha creído en él en el pasado pero ya no lo cree. Con estas prácticas se pretende que usted sustituya las voces interiores que sostienen estos mitos por voces contrarias que potencien su capacidad de amar, en vez de limitarla.

En esta práctica, usted repasa su vida mientras escribe en su diario, preguntándose el papel que ha desempeñado el romance en su amor. ¿Se limita su amor fundamentalmente a relaciones sentimentales/sexuales, o a relaciones no sentimentales, o tiene dudas sobre la cuestión? Recuerde las ocasiones en las que ha amado algo o a alguien sin relación alguna con un romance: parientes, animales, ositos de peluche, libros, música, jugar a la pelota, el sonido de la lluvia sobre el tejado. ¿En qué medida está dispuesto ahora a amar intensamente algo o a alguien que carece de interés sentimental?

El mito del establecimiento de vínculos

¿Qué es el camino?
Flores hermosas abiertas junto al sendero cubierto de musgo;
los verdes sauces bailan con las brisas de primavera.

RAKAN

Recuerdo una vez que estaba merendando con unos amigos una tarde de primavera de 1967 en una vieja casa de Oxford. Yo estaba contemplando el jardín mientras el sol arrojaba sus últimos rayos. De pronto, salieron de los arbustos dos zorros que jugaban a perseguirse. Saltaron, bailaron, atravesaron el jardín corriendo como un destello de energía y después desaparecieron. Yo no establecí ningún vínculo con ellos; jamás volví a verlos. Pero los amé entonces, y los amo ahora, y siempre los conservaré como un tesoro.

Usted establece vínculos con una persona, con un animal, con un lugar o con un objeto al compartir su vida con ellos a lo largo de un periodo de tiempo. Por medio de las actividades compartidas, acumula un almacén de recuerdos que vinculan su vida con el ser amado. Su relación con el ser amado existe en sus recuerdos; el grado de amor de sus relaciones depende de lo positiva que sea la interpretación que da a esos recuerdos.

En una vida de amor se establecen y se mantienen muchas relaciones de amor. Pero el mito del establecimiento de vínculos dice que si queremos amar algo, debemos forjar vínculos con ello a lo largo de un periodo de tiempo. El mito exige que usted dedique un tiempo a establecer los vínculos de una relación, siempre que sienta que podría ser factible el amor. El mito supone que la frase «te quiero» quiere decir: «Pasemos un tiempo juntos y establezcamos los recuerdos compartidos de una relación».

Usted puede trabajar para establecer todas las relaciones a largo plazo que quiera y que tenga tiempo de cuidar. Pero la creencia de que amar exige enredar al amado en el futuro de usted hará que le dé miedo amar. Puede que lo atormente la idea de amar a una persona cuando ya ama a otra. Puede que se niegue a regocijarse con una actividad a la que puede dedicar poco tiempo. La verdad es que usted puede amar sin fin, aunque decida cultivar las relaciones con relativamente pocos de los objetos de su amor.

La expresión extrema del mito del establecimiento de vínculos es la creencia de que el amor verdadero es el amor que no acaba nunca. Si usted ama a alguien ahora, siempre deberá amar a esa persona. Sus vidas deben estar enredadas para siempre, «hasta que la muerte los separe». Debe establecer vínculos para siempre.

Resulta positivo establecer relaciones positivas de manera indefinida, comprometerse con ello y trabajar duramente para conseguirlo, en los casos de los miembros de la propia familia, algunos amigos, las carreras profesionales, los animales queridos y las aficiones. Los dividendos son evidentes. Pero el hecho de que sustentar el amor a lo largo del tiempo sea deseable no es motivo para exigirlo como condición para poder considerar que un amor sea verdadero. Esto supondría establecer una prueba para el amor verdadero: ¿Sería capaz de mantener esta experiencia hasta dentro de cincuenta años?

El mito del establecimiento de vínculos perpetuos resulta especialmente cruel para las personas que sufren. Cuando su matrimonio, u otra relación profunda, se esté deshaciendo por causas distintas de la muerte, este mito puede llevarlo a tirar a la basura sus ricos recuerdos. Como ustedes no permanecieron juntos para siempre, «no dio resultado», y, por lo tanto, no pudo tratarse de un amor verdadero.

El mito del establecimiento de vínculos perpetuos es un chantaje que le obliga a quitar importancia a los regocijos del momento presionándolo para que mantenga esos regocijos hasta el futuro. Nadie puede estar seguro de conseguirlo. Por supuesto, usted no sabe lo que le deparará el porvenir. Sea lo que fuere, le deparará bastante amor, aunque no sea con este ser amado concreto. Por lo tanto, ame *esto,* ahora mismo, sin referencias al futuro. Siempre que experimente los calentamientos del corazón del amor, eso es amor auténtico, amor verdadero, todo lo verdadero que puede ser el amor. Mañana usted puede amar otra cosa, pero ahora ama esta.

Práctica 9

¿DE QUÉ MANERA HA AFECTADO A SU VIDA EL MITO DEL ESTABLECIMIENTO DE VÍNCULOS?

En esta práctica, usted repasa su vida, mientras escribe en su diario, preguntándose qué uso ha hecho en su vida de las relaciones o de su falta. ¿Suele usted amar únicamente cuando establece una relación permanente con su objeto amado, o rehúye el establecimiento de relaciones por considerar que no son más que enredos? ¿Existen algunos terrenos, como el del romance, en los que el mito del establecimiento de vínculos desempeña un papel importante, mientras que en otros terrenos está dispuesto a regocijarse con algo y pasar a otra cosa?

Recuerde ocasiones en las que se ha conmovido profundamente por hechos con los que no podía establecer relaciones en modo alguno, como contemplar una puesta de sol, oír una obra musical o consumir una comida. ¿En qué medida está usted dispuesto a amar intensamente y no volver a ver al objeto de su amor? Recuerde las ocasiones en las que haya amado profundamente algo o a alguien sabiendo que la relación terminaría pronto.

Recuerde otras ocasiones en las que rehusó abrirse y apreciar algo o a alguien porque sabía que era imposible mantener una relación permanente. ¿Cuándo ha recurrido al mito del establecimiento de vínculos perpetuos para devaluar los calentamientos del corazón del amor, después de haber descubierto que las relaciones con su ser querido habían terminado? ¿En qué medida está dispuesto a renunciar a este mito y a dejar de preocuparse por lo que deparará el porvenir, contemplando un objeto de amor adecuado y, simplemente, amándolo?

El mito de ser amado

> *No te preocupes de si te aman otras personas. Eso es problema de ellos.*
>
> KEN KEYES (HIJO)

> *Haz, Señor, que no quiera tanto ser consolado como consolar, ser comprendido como comprender, ser amado como amar; porque al entregarse a uno mismo es cuando se recibe; al olvidarse de uno mismo es cuando se encuentra.*
>
> SAN FRANCISCO DE ASÍS

Es fácil creerse el mito de ser amado, de que lo verdaderamente importante no es amar, sino ser amado y merecer la aprobación de los demás. El mito, como todos, tiene algo de verdad. Desde luego, para mantener buenas relaciones sentimentales o de negocios, hace falta que alguien tenga un buen concepto de nosotros. Las personas tienen un deseo innato de ser amadas, apreciadas y respetadas por aquellos que las rodean. Resulta útil y satisfactorio recibir amor. Pero es mejor para usted amar que ser amado.

Al fin y al cabo, el que tiene las experiencias de calentamiento del corazón es el amante y no el amado. El amado es, como mucho, un estímulo, y muchas veces no es más que un beneficiario afortunado. El amante es el artista que recoge ese estímulo y pinta con él admiración o celebración. Los amantes no necesitan que otras personas afirmen su valor: ya conocen el valor de sus vidas, por medio de sus experiencias de amor.

Además, usted no puede controlar directamente el modo en que las personas reaccionan ante usted. Muchas veces no reaccionan verdaderamente ante usted, sino a viejos recuerdos que usted desencadena sin saberlo. Pero usted puede hacer algo acerca del amor: practicarlo, sentirlo, vivir en él.

Una parte del mito de ser amado es el mito del reconocimiento, la creencia de que el amor solo es válido cuando se comunica a una persona que lo reconoce y lo aprecia. Pero acuérdese de alguna vez en que se sintiera conmovido por la belleza; por ejemplo, cuando vio salir el Sol y se sintió unido al universo que lo ha puesto en un planeta tan digno de amor. ¿Tuvo que comunicar a alguien su experiencia para darle validez, o tuvo que pintar un cuadro o tomar una foto del amanecer para ratificar su admiración y su asombro?

Si alguna persona acepta su amor, esa persona le está mostrando el amor que siente hacia usted; no lo está sometiendo a una prueba para validar el amor de usted. El amor no se puede validar; la experiencia es su única validación posible. Tampoco puede invalidarlo nadie, a no ser que lo invalide usted mismo. No necesita a otras personas para que ratifiquen sus experiencias. Si usted derrama por el mundo energía amorosa por medio de su trabajo y su negocio quiebra, no por eso es menos amorosa su energía. Si sus vecinos solo ven las malas hierbas del jardín de usted, y no ven las flores, eso no afecta para nada al amor con que usted plantó las semillas.

Práctica 10

¿DE QUÉ MANERA HA AFECTADO A SU VIDA EL MITO DE SER AMADO?

Sí: si tratas con ternura
a las golondrinas jóvenes,
te recompensan con sus excrementos.

ISA

En esta práctica usted repasa su vida, mientras escribe en su diario, preguntándose cuánto ha querido ser amado y cuánto ha estado dispuesto a amar sin preocuparse de si los demás lo amaban a su vez. ¿En qué medida está dispuesto a comprometerse a amar intensamente sin preocuparse de si los demás lo aman a su vez? ¿Suele usted buscar aprobación, aplauso o admiración, o sentir entusiasmo, alegría y asombro, o ambas cosas a la vez? Cuando usted ha sido amado y aplaudido, ¿cuán satisfactoria le ha parecido la experiencia?

El mito del acuerdo

> *He dado a cada ser una manera individual y única de ver, de conocer y de expresar ese conocimiento. Lo que a ti te parece malo, es bueno para él. Lo que es veneno para uno, es miel para otro.*
>
> RUMI (PALABRAS EN BOCA DE DIOS)

Cuando yo era pequeño, y, más tarde, cuando visitaba a mis padres, mi madre y yo lavábamos los platos después de las comidas. Ella los lavaba y yo los secaba. Nuestro trabajo se solía convertir en un desafío verbal: «Este tenedor está sucio, no lo has lavado». «Claro que lo he lavado. El que seca tiene que darse cuenta de esas cosas y lavarlas él mismo.» Mi padre se preocupaba cuando nos veía así. Se creía que el amor es acuerdo, nunca discusión. Pero ¡cuánto daría yo por volver a estar delante del fregadero, discutiendo con mi madre!

Mi padre creía, como muchas personas, que es preciso estar de acuerdo con la persona amada. Al fin y al cabo, el amor es un sí de todo corazón. Pero amar a alguien quiere decir dar un sí *a la persona,* no a las ideas de la persona ni a su conducta. Su amor es una experiencia privada y positiva, no una afirmación positiva ni un acto positivo. Se puede amar a alguien y estar en desacuerdo con él, incluso con firmeza. Se le puede amar y seguir diciendo «no», incluso un «no» fuerte y dramático.

Si usted siente que debe estar de acuerdo con toda persona a la que ame, se convertirá en un felpudo que sirve para atraer a las personas que buscan un lugar donde limpiarse los zapatos. De hecho, para cultivar la experiencia del *sí,* debe ser capaz de decir que no, de alzar la voz con calma para expresar sus propias creencias, sin miedo de que esto ponga en peligro al amor. Para ello, es necesario no confundir amor con acuerdo: no son lo mismo.

Concedido: usted no quiere empezar a abrumar a su compañero o compañera con disensiones. Puede que se sienta confuso o afectado, e incluso puede que decida buscar relaciones con otra persona que esté más de acuerdo con él o con ella. Entonces, explíquele que usted todavía no domina bien el arte de afirmarse a sí mismo con suavidad; recabe el apoyo de su compañero.

Una forma extrema del mito del acuerdo es la creencia de que si se ama a alguien es preciso *someterse* a él, hacer todo lo que él quiera. Los costes de la sumisión son todavía mayores que los del acuerdo. Usted atrae a compañeros que quieren dominar a alguien porque se sienten inseguros a la hora de relacionarse con la gente de igual a igual. Usted ahoga su crecimiento y se impide a sí mismo verter por el mundo esa energía única que tiene.

Si usted cree que para amar necesita abandonar sus valores y entregarse a sí mismo, no es fácil que llegue a amar mucho. Puede amar a alguien y negarse a darle lo que quiere, aunque se lo suplique de una manera muy conmovedora. Usted no necesita apoyar a nadie ni sustentarlo para amarlo. Siempre dependerá de usted la decisión de hacerlo o no.

El momento de decir «sí» es cuando tanto su cabeza como su corazón digan libremente «sí». Si usted no tiene libertad para estar de acuerdo o en desacuerdo, por muy profundo que sea su amor hacia alguien, entonces lo que usted llama experiencia del amor se parecerá más a una esclavitud. El mito del acuerdo ha conducido a muchas personas a vivir sus vidas sentimentales bajo una esclavitud. Lo mismo puede decirse del caso en que es otra persona la que se somete a usted. Si la persona que lo ama no tiene la libertad de estar de acuerdo o en desacuerdo con usted, de hacer lo que usted quiere o no hacerlo, entonces esa persona no es su ser amado sino su esclavo.

Si usted mantiene una relación en la que existe una exigencia de acuerdo o de sumisión, no le eche la culpa a nadie. Comunique su determinación de seguir juntos en libertad, y pida a su compañero la misma determinación. Busque apoyo en libros, en amigos, en un grupo o en un consejero. Nunca es demasiado tarde para aprender a ser libres.

Práctica 11

¿DE QUÉ MANERA HA AFECTADO A SU VIDA EL MITO DEL ACUERDO?

En esta práctica, usted repasa su vida, mientras escribe en su diario, preguntándose el papel que ha desempeñado en ella el mito del acuerdo. ¿Se siente obligado a estar de acuerdo con la persona amada o a someterse a ella, o a conseguir que esa persona esté de acuerdo con usted o se someta a usted? ¿Cree usted que el desacuerdo tiene que ser desagradable y cargado de ira, en vez de tranquilo y lleno de amor? ¿Cuál ha sido el coste de este mito para sus relaciones?

¿En qué medida está dispuesto a amar profundamente sin hacer automáticamente lo que quiera su ser querido, ni esperar que su ser querido se comporte como usted quiera? ¿Qué relaciones suyas podrían verse amenazadas si cada persona pidiese tranquilamente lo que desea en vez de someterse o de dominar?

Práctica 12

DECIR «NO» CON AMOR

En esta práctica, usted deja entrar la falta de acuerdo en sus relaciones amorosas. Cuando usted esté en desacuerdo con alguien o le diga «no», practique conscientemente el arte de dejar abierto el corazón en un «sí». Deje que la persona sepa que usted hace eso para expresarse a sí mismo y para desarrollarse como individuo y para el desarrollo de la relación. Explíquele que, por medio de esta práctica, no solo aspira a mejorar su capacidad de amar, sino también su capacidad de comunicación, pues es difícil decir «no» sin enfadarse ni hacer juicios de valor. Anime a su compañero a que se una a usted, para que puedan apoyarse mutuamente en esta empresa. Después, practiquen el arte de expresar y defender lo que creen, aunque no estén de acuerdo el uno con el otro.

Obsérvese a sí mismo con atención cuando dice que no. ¿Se cierra usted a los demás? ¿Se prepara para defenderse? ¿Se le acelera el corazón o tiene palpitaciones? ¿Le sudan las manos? ¿Se le revuelve el estómago?

Siempre que se dé cuenta de que está a punto de decir «no» (de denegar una petición, de corregir la plana a alguien o de reñirle), decídase a decir «no» claramente, sin dejar de apreciar y respetar a la otra persona. Después, comunique su «no», mientras siente amor en el corazón.

Si ya ha pronunciado el «no» y ha cerrado sus sentimientos, vuelva a abrirse inmediatamente y sienta aprobación por la otra persona como persona. No es más que alguien que le ha pedido algo que usted no está dispuesto a concederle, o que ha hecho algo que usted no está dispuesto a aprobar. Vea si el hecho de decir «no» cuando hay que decirlo le hace más fácil decir «sí» después.

El mito del dolor

Esforzadme, rodeadme de vasos de vino, coreadme de manzanas; que enferma estoy de amor.

CANTAR DE LOS CANTARES

El mito del dolor dice que si se ama se acabará padeciendo, y mucho. Son demasiadas las personas que han sentido tando dolor a causa de las personas que han amado más (padres, hermanos, amigos, amantes, falsos amantes, cónyuges, hijos), que asocian automáticamente el amor con el dolor. Se han visto abandonados, maltratados y desengañados por las personas a las que han amado, y no solo una vez, sino muchas veces. Si usted relaciona el amor con el dolor, discute la validez del viejo dicho: «Es mejor haber amado y sufrido un desengaño que no haber amado nunca».

Pero el dolor es inevitable en la vida humana, y lo es más todavía si usted se aparta del amor que si lo busca. Como fueron los grandes amores los que le produjeron dolor, abrace los amores pequeños que pueden llenar su vida, para liberarse así de este mito. No se preocupe de los grandes amores durante un tiempo. Sus instintos protectores no tienen por qué preocuparse de su entusiasmo por su jardín ni de su disfrute de la cena de esta noche. Mientras ejercita los amores pequeños, procura hacer las paces con su pasado y sustituye los mitos que le estorban, la relación familiar entre amor y dolor se irá desvaneciendo.

Práctica 13

¿DE QUÉ MANERA HA AFECTADO A SU VIDA EL MITO DEL DOLOR?

En esta práctica, usted repasa su vida, mientras escribe en su diario, preguntándose en qué medida ha asociado el amor con el dolor. ¿Qué hechos pasados han relacionado entre sí estos dos conceptos en su mente? ¿En qué ocasiones ha contenido su amor por miedo al dolor, que usted esperaba como consecuencia inevitable?

¿En qué otras ocasiones ha amado sin sentir dolor, sino alegría? Recuerde todas las que pueda. ¿Está dispuesto a dejar de recordar únicamente los momentos dolorosos, y a ponerse a recordar en cambio sus experiencias de amor más maravillosas?

El mito de la panacea

De modo que, en vez de llegar al cielo al final,
no hago más que caminar hacia él.

EMILY DICKINSON

El mito de la panacea dice que la maravilla que es encontrar al ser amado adecuado cambiará su vida, resolverá sus problemas, terminará con su soledad, le curará las enfermedades y dará significado y seguridad a su vida. Este mito tiene algo de verdad, lo justo para hacerlo parecer razonable; pero le hace prestar atención a cosas equivocadas.

No cabe duda de que el amor tiene el poder de resolver los problemas, terminar con la soledad, transformar las vidas y darles significado y seguridad. Es verdad que encontrar un nuevo compañero sentimental, tener un nuevo hijo, o encontrar el trabajo que se quería, pueden ser estímulos suficientes para reaccionar con un amor transformador; por lo menos, durante cierto tiempo.

Pero el mito de la panacea se plantea el amor al revés, desde fuera en vez de desde dentro. El concepto mismo de una panacea solo nos atraería si estuviéramos a disgusto con nuestra vida actual y buscásemos lo positivo en el futuro, y no en el presente. El mito nos impulsa a cambiar las circunstancias de la vida para hacerlas tan positivas que es imposible reaccionar ante ellas si no es positivamente. Este planteamiento tiene pocas posibilidades de éxito a largo plazo, aunque tengamos alguna que otra vez la suerte de encontrar un estímulo tan maravilloso.

La manera de sentir la seguridad en el amor es emprender el camino del amor y desarrollar, con el tiempo, la capacidad de amar a cualquier persona o cosa que nos encontremos. Ese camino sí transforma su vida, verdaderamente, pero solo porque usted provoca esa transformación, sin que importen las circunstancias, y no porque haya tenido la suerte de encontrar un ser amado ideal y fuera de lo común.

Práctica 14

¿DE QUÉ MANERA HA AFECTADO A SU VIDA EL MITO DE LA PANACEA?

En esta práctica, usted repasa su vida, mientras escribe en su diario, preguntándose en qué medida ha creído que encontrar al ser amado ideal le resolvería todos los problemas y le transformaría la vida. La panacea puede ser un compañero sentimental, pero también puede ser un trabajo, una casa o un hijo. Cuando usted alcanzó esta meta deseada, ¿en qué medida se ajustó su experiencia a sus expectativas? ¿En qué medida se ha resistido a amar a seres que le parecía que no tenían la capacidad de transformar su vida? ¿Está usted dispuesto a amar intensamente incluso a los objetos que usted sabe que no son una panacea, y a ver hasta dónde pueden llevarlo sus avances por el camino del amor?

El mito de la acción

Esta llama de amor viva... merece más en uno que cuanto había hecho toda la vida, por más que ello fuere.

SAN JUAN DE LA CRUZ

El mito de la acción dice que, para amar, es preciso servir al ser amado. Pero el servicio se puede basar en muchas experiencias ajenas al amor: por ejemplo, en el miedo, en el martirio, en la culpabilidad, en las expectativas o en la avaricia. Nadie que observe su conducta podrá saber si está amando. Los actos amorosos son consecuencias exteriores del «sí» interior en el que se basan. Es provechoso distinguir entre la experiencia del amor y la conducta de un acto amoroso.

Por supuesto, nuestros actos afectan a nuestra experiencia. Es posible actuar deliberadamente de un modo que aumente nuestro amor, y podemos amar para que nuestros actos sean más eficaces. Pero no tenemos que hacer nada para amar. Cuando amamos a alguien, no somos responsables de su bienestar. Cuando hacemos algo para el bienestar de otra persona, se trata de una decisión propia, basada en acuerdos sociales y en compromisos aceptados libremente. Una de las muchas consideraciones que pueden llevarlo a aceptar esos compromisos bien puede ser su amor.

Práctica 15

¿DE QUÉ MANERA HA AFECTADO A SU VIDA EL MITO DE LA ACCIÓN?

En esta práctica, usted repasa su vida, mientras escribe en su diario, preguntándose en qué medida ha sentido que tenía que *hacer* algo para expresar el amor que sentía. ¿En qué ocasiones se ha negado a amar porque no quería hacer nada al respecto? ¿En qué ocasiones le ha impedido vivir la experiencia del amor el carácter poco generoso de sus actos de amor? ¿Está dispuesto a distinguir entre los actos de amor y la experiencia del amor, sabiendo que los actos siempre son una opción que puede tomar o no?

El mito de la espontaneidad

No esperes a tener sed para ponerte a cavar el pozo.

PROVERBIO CHINO

El mito de la espontaneidad dice que el amor verdadero debe ser espontáneo, y no practicado ni ensayado de antemano. Dice que si el amor se planifica por adelantado, la experiencia será mecánica, artificial y falsa. Es cierto que la vida resulta deliciosa cuando nos sorprende con un tesoro inesperado que se puede apreciar espontáneamente. El problema surge cuando creemos que esa es la única manera de amar.

La práctica del amor se parece en este sentido a jugar al béisbol o a tocar el piano. Siempre queremos practicar cada una de estas actividades de una manera fresca y espontánea, por supuesto, reaccionando ante las circunstancias y los sentimientos del momento. Pero la práctica de la música y del deporte nos facilita la espontaneidad y la frescura en el momento. El hecho de preparar por adelantado una fiesta o una comida campestre no nos impide disfrutar con ellas. Lo mismo sucede con el amor.

La práctica nos acostumbra a amar en circunstancias adversas. La vida nos da algunas sorpresas poco agradables: pérdidas, errores, desilusiones, fracasos, dolores, enfermedades, soledad, envejecimiento, que plantean inevitablemente un desafío a nuestra capacidad de amar. Si reflexiona por adelantado sobre esos desafíos, será más difícil que se quede atrapado por su dramatismo cuando se le presenten.

Puede que usted suspire por la aventura de una vida no planificada, y que renuncie por ello a la planificación o a la práctica, pensando que quitan a la vida su encanto o su valor. Si usted cree en el mito de la espontaneidad, se resistirá a aceptar las ideas y las prácticas de este libro: no querrá prepararse por adelantado para amar, no querrá practicar las habilidades del amor. Los años pasarán volando, y usted todavía estará esperando las pocas sorpresas especialmente deliciosas que el mundo le ofrece.

Práctica 16

¿DE QUÉ MANERA HA AFECTADO A SU VIDA EL MITO DE LA ESPONTANEIDAD?

El propósito de esta práctica es que usted se comprometa con la práctica regular del amor porque reconoce el gran coste que ha tenido para usted el esperar a que se produzca espontáneamente.

Repase su vida, mientras escribe en su diario, preguntándose el papel que ha desempeñado en ella la espontaneidad, o la práctica y la preparación. Cuando usted se abre al mundo en amor, ¿lo hace espontáneamente, o solo cuando lo tiene bien ensayado? ¿Cuál ha sido el coste para su vida de no haberse preparado por adelantado para el amor, de no haber practicado el amor? ¿Está usted dispuesto a practicar regularmente el amor para amar más?

El mito de la dificultad

El trabajo es sencillo, y la medicina no está lejos. Si se revela el secreto, será tan sencillo que todos se reirán a carcajadas.

CHANG PO-TUAN

El mito de la dificultad dice que el mundo es enemigo, que la vida es dura, que acaba con la muerte, y que tenemos suerte si somos capaces de poner en nuestras vidas unas briznas de amor. Si usted se lo cree, no cabe duda de que lo confirmará, pues se habrá rendido sin intentar amar siquiera.

Pero la alegría del amor rico e intenso es un derecho con el que usted nace como ser humano. Por desgracia, le han enseñado a que dé más importancia a otras actividades. Cuando era niño, sus maestros dedicaron años enteros a enseñarle aritmética, pero ninguno hablaba del amor. Como adulto, aprendió a trabajar productivamente, incluso a criar a sus hijos, pero no tenía maestros de amor.

Del mismo modo que el aprendizaje de la música o de la pintura, el aprendizaje del amor requiere un buen maestro y mucha práctica. Descarte los mitos que no dan resultado, y apréndase nuevas reglas empíricas que sí lo dan. Usted conoce a muchas personas que se han convertido en expertos músicos, pintores y deportistas a base de trabajo y de práctica, no porque hubieran nacido así. Su ejemplo le demuestra los beneficios que se consiguen con un alto nivel de compromiso. Puede que usted no conozca a muchos expertos en amor, de modo que quizá le parezca más difícil. No lo es. Del mismo modo que el pianista experto se puede sentar al piano cuando quiera y tocar de manera exquisita, lo único que necesitará usted al final para amar es quererlo.

Práctica 17

¿DE QUÉ MANERA HA AFECTADO A SU VIDA EL MITO DE LA DIFICULTAD?

En esta práctica, usted repasa su vida, mientras escribe en su diario, preguntándose lo difícil que le ha parecido a usted qué era amar. ¿Cuándo ha sido fácil amar? ¿Cuándo ha sido más difícil? ¿Cuándo ha renunciado usted a amar porque le parecía arduo o imposible? ¿Cuánto le ha costado el mito de la dificultad?

En este capítulo hemos estudiado algunas creencias que pueden bloquear a las personas e impedirles amar. A continuación, vamos a ver cómo aman verdaderamente las personas.

El mayor descubrimiento de cualquier generación es el de que los seres humanos pueden cambiar sus vidas cambiando sus actitudes mentales.

ALBERT SCHWEITZER

3

El amor reactivo y el amor intencionado

No vemos las cosas tal como son, sino tal como somos.

TALMUD

Lo de dentro siempre se manifiesta por fuera.

ANTIGUO PROVERBIO CHINO CITADO POR CONFUCIO

La experiencia, tal como la interpreta usted

Nos imaginamos que nuestra mente es un espejo, que refleja con cierta exactitud lo que sucede fuera de nosotros. Pero, por el contrario, nuestra mente es en sí misma el elemento creador principal.

RABINDRANATH TAGORE

La mayoría de las personas son de la opinión de que la experiencia humana es una reacción automática ante las circunstancias físicas. Parece que nuestros sentidos se limitan a reflejar lo que sucede, de manera independiente de nuestra voluntad. Cuando parece que las personas que nos rodean experimentan las cosas de la misma manera que nosotros, se refuerza nuestra creencia de que la experiencia humana es un reflejo de la realidad. Parece evidente que solo existe una realidad; por lo tanto, nuestra experiencia es la única que podemos tener, dadas nuestras circunstancias personales.

En la combinación de hecho y de persona que conduce a la experiencia, el concepto reactivo se centra únicamente en el hecho. Olvida a la persona cuya interpretación del hecho crea la experiencia, a la persona que *exige* que este incidente no haya sucedido, que *decide* que la situación actual no es interesante, que *juzga* que la amenaza es terrible o demasiado dolorosa, que *valora* este objeto como especial o atractivo, y que, por lo tanto, *presta atención* únicamente a sus características atractivas. La experiencia no es un espejo. Las personas que nos rodean pueden experimentar las cosas del mismo modo que nosotros, pero no porque sea la única manera en que se pueden experimentar, sino porque comparten nuestra cultura y han aprendido a interpretar los hechos de la misma manera.

Por medio de una atención selectiva y de una interpretación constante, convertimos las circunstancias en experiencia; así es como *creamos* la experiencia. Todos debemos interpretar la vida de alguna manera, y no existe una manera que sea la correcta. La verdad es que el mundo, intrínsecamente, no es de *ninguna* manera. Existen tantas realidades como personas que están dispuestas y que son capaces de interpretar a su manera sus circunstancias. No está a nuestro alcance el don de conocer la naturaleza del mundo real que pueda existir detrás de nuestras interpretaciones.

El camino del amor es un camino en el que elegimos conscientemente el modo de crear nuestra experiencia. Suponga, por ejemplo, que está de pie en una calle transitada y que un hombre que pasa le pisa el pie. A usted le duele el pie, pero pronto se olvida del incidente cuando se le pasa el dolor. «Al fin y al cabo, ha sido un accidente, y hay que tener en cuenta que la calle está abarrotada.»

Pero suponga que está de pie en la misma calle y que se le acerca un hombre con una mirada malévola, le da un pisotón en el pie y se marcha después. ¿Cómo reacciona usted mientras se le pasa el dolor? «¡Qué desgraciado! ¡No debería haberme pisado!» Su experiencia es algo más que un pie dolorido, y algo más que un hecho que no ha sido como usted quisiera que fuese. Usted experimenta un hecho que no *debería haber sucedido,* y, a causa de su interpretación dramática, puede que usted siga enfadado varias horas más tarde.

Si usted *acepta la realidad* del pie pisado, en un mundo que tiene un pisador de pies por cada diez mil habitantes, sufre un cierto dolor físico y quizá algo de frustración y de pena. Si usted *exige* que el mundo no sea como es, y condena al pisador dramatizando lo mal que actuó, sufre además ira y resentimiento. Así es como la interpretación crea la experiencia.

El hecho de que seamos los creadores de nuestra propia experiencia no significa que podamos olvidar las circunstancias ni modificarlas por un acto de voluntad para crear otras circunstancias. El dolor de un pie pisado es nuestro, pase lo que pase. Las circunstancias de la vida son la materia bruta que observamos e interpretamos para crear nuestras experiencias. Dado que nuestros hábitos y creencias siempre se interponen en la labor de poner a prueba los límites, nunca podemos estar seguros de lo bruta que es esa materia bruta.

Práctica 18

ESCUCHE CÓMO INTERPRETAN LOS HECHOS LOS DEMÁS

A los hombres no los mueven las cosas, sino su visión de ellas.

EPICTETO

En esta práctica, usted estudia el poder de la interpretación y de la atención selectiva sobre las vidas de las personas. Observa cómo diferentes personas interpretan y, por lo tanto, experimentan, los *mismos* hechos de una manera espectacularmente diferente. Usted cultiva el papel de testigo, de persona que se limita a observar los hechos en cuestión sin entrar en ellos. La capacidad de adoptar este punto de vista de testigo le ayudará en su camino de amor.

Escuche cómo los demás, en la vida real y en los medios de comunicación, interpretan la vida según la visión reactiva. Parece tan evidente que son sus circunstancias las que provocan sus experiencias: deben encontrar lo bueno, evitar lo malo y controlar o modificar lo que sucede. Advierta cómo se enfadan o se alteran porque sucede alguna cosa que ellos creen que no debería suceder; se aburren porque los hechos próximos a ellos no son interesantes; tienen miedo cuando sucede algo demasiado doloroso o demasiado desagradable; solo son capaces de amar los objetos o a las personas más atractivas.

Advierta también el modo en que sus vidas se consumen por su atención selectiva a los hechos traumáticos de su pasado, como una agresión física, un fracaso o una pérdida; o por las características de su cuerpo, como su apariencia o su agilidad. Advertir algo supone no estar de acuerdo ni en desacuerdo con sus interpretaciones. Se trata, simplemente, de ver el papel de las interpretaciones, y cuántas interpretaciones diferentes son posibles.

Puede estar acostumbrado a escuchar cómo se forman las interpretaciones en su mente, pues es un proceso muy automático, pero la verdad es que están allí. Cuando usted crecía, formó una serie de interpretaciones normalizadas, que tiene preparadas para hechos de todo tipo, y le saltan a la mente en un momento.

Quizá, cuando usted era niño, su madre llamó en voz baja «¡desgraciado!» a una persona que la empujaba en la calle; ahora que usted es adulto, cuando alguien le corta el paso, sabe que ha sido víctima de un desgraciado. Puede que no recuerde el comentario de su madre, ni que piense que usted mismo está formulando un juicio o una interpretación. Está claro que ese tipo es un desgraciado. El hecho semejante desencadena las antiguas interpretaciones, y la ira se desata. De esta manera, dado que la interpretación es así de automática y de evidente, a usted le parece que se le confirma en la práctica la opinión reactiva de que son los hechos los que provocan la experiencia.

Práctica 19

ESCUCHE SUS VOCES INTERIORES

Recuerda: no eres la charla que oyes dentro de tu cabeza; eres la persona que oye esa charla.

BILL HARVEY

Usted expresa la mayoría de sus interpretaciones bajo la forma de unas voces internas a las que seguramente llama pensamientos. En esta práctica, usted se limita a escuchar esas voces de una manera muy parecida a como se escucha una radio. Así se potenciará su comprensión de lo habladoras y convincentes que son sus voces interiores, y también encontrará un lugar para escuchar, para limitarse a observar o contemplar esas voces, en vez de dejarse dirigir por ellas.

Cuando le resulte cómodo (por ejemplo, mientras trabaja, conduce, pasea, come o se prepara para acostarse), preste atención a las voces que tiene dentro de la cabeza. No las etiquete, ni cambie de actividad. Limítese a escuchar su parloteo. Llegue a reconocer cada voz; estúdiela, como estudiaría a un nuevo inquilino de su casa. ¿Qué juicios formula? ¿Qué tono adopta: duro, o amable? ¿Cuánto tiempo dedica a dar vueltas a los hechos del pasado, a los hechos que pueden tener lugar en el futuro, o a los hechos que tienen lugar ahora mismo? ¿Cómo lo trata a usted: con cariño, apoyo y amor, o con crítica, autoduda y sarcasmo?

Práctica 20

OBSERVAR SIN INTERPRETAR

Todo depende de tu fe en ti mismo, de la creencia de que lo que ves y oyes, lo que piensas y sientes, es verdadero. ¿Por qué no plantearse la validez de esta fe?

SRI NISARGADATTA MAHARAJ

¿Qué se puede decir de la gente que no ve lo que está mirando?

KABIR

Las personas no suelen darse cuenta del tiempo que dedican a interpretar lo que están observando, por medio de juicios, valoraciones, análisis y comparaciones. En esta práctica, usted experimenta algo como si fuera la primera vez, observándolo sin hacer interpretaciones de ningún tipo. Así, se reforzará su capacidad de dirigir la atención y experimentará lo sorprendentemente nuevo que puede llegar a ser un objeto cuando no está abrumado por la carga habitual de charla mental. El ejercicio le permitirá reconocer el poderoso papel que desempeña en su vida la charla verbal de su mente.

Tome un objeto y limítese a mirarlo atentamente, sin interpretaciones verbales, durante un periodo de tiempo determinado. Si oye una voz interior (que dice, por ejemplo, que esto es interesante o que es aburrido, que es bonito o feo, que le gusta o le disgusta alguna de sus características, lo compara con otra cosa, o le dice que esta práctica es una tontería), limítese a advertir la voz sin agarrarse a ella. Después, vuelva a dirigir su atención a lo que estaba observando.

Extienda esta misma práctica a escuchar algo como si fuera la primera vez que lo oye: puede ser el canto de los pájaros, el ruido del tráfico, los juegos de los niños, el tictac de un reloj o música. Limítese a escuchar los sonidos sin darles ninguna interpretación.

Extienda la práctica a su sentido del tacto: acaricie a su perro o a su gato, toque las mantas o las sábanas cuando esté en la cama, o sienta el sol o la brisa. Haga lo mismo con los sentidos del gusto y del olfato.

Si usted no tiene experiencia en esta forma de meditación ni en ninguna otra, es posible que le sorprenda la fuerza de su voz interior, y lo difícil que es hacerla callar. Esa voz interior impone sus hábitos de desatención y de interpretación a toda posible experiencia nueva, y muchas veces se impone tanto a sus sentidos que usted apenas sabe lo que ve o lo que oye. Lo único que oye es la charla.

También es posible que se sorprenda de cuánto disfruta de estas experiencias libres de toda interpretación. Basta con ver, oír, sentir y gustar.

El amor reactivo

El que ama está mirando un espejo en el que contempla su yo.

PLATÓN

La visión reactiva del amor supone que una persona, un objeto o un hecho deben ser notablemente agradables para producir agrado. El mito del amor reactivo dice que las cosas deben ser especialmente atractivas para ser dignas de ser amadas. Puede disfrutar de cuadros pintados por Van Gogh, pero no de los que pinta su vecino. Puede sentirse encantado por un cachorro de raza y sano, pero no por el chucho sucio que aparece en su puerta.

Por supuesto, usted puede *enamorarse,* tener la experiencia de sentirse empujado irresistiblemente hacia un ser amado, por fuerzas que no puede controlar. Pero ¿con cuánta frecuencia sucede esto, y cuánto tiempo dura? ¿Qué va a hacer consigo mismo mientras espera a que aparezca el objeto amado adecuado?

Escuche a las personas que lo rodean en la vida diaria y en los medios de comunicación. Advierta el modo en que, para amar más, necesitan controlar el mundo para estar rodeadas de circunstancias positivas. Advierta cómo buscan objetos que sean especialmente dignos de amor, cómo se agarran a los que encuentran, cómo intentan conseguir más como ellos, modificarlos para mejorarlos, o cambiarlos por otros diferentes. Si descubren que no son capaces de re-crear la experiencia de amar, intentan re-vivirla en sus recuerdos.

Cuando usted no conoce más que el amor reactivo, tiene pocas herramientas para amar más. Su amor depende de que el mundo facilite las personas u objetos extrañamente dignos de amor, que son los que usted puede apreciar. Estos objetos son poco corrientes por definición; por lo tanto, usted vivirá en un mundo en que lo digno de amor es escaso. Pasará la vida buscando los pocos objetos que existen, y cuando los encuentre se agarrará firmemente a ellos por miedo a que se le escapen. La mayor parte del tiempo, en vez de sentir que tiene posibilidades de elección en su vida, se sentirá enganchado a lo que le ofrece el mundo.

Como los demás tienen que ser *especiales* para que usted los ame, usted también tiene que ser especial para que los demás lo amen a usted. Lo más probable es que usted sea un ser humano común, bastante parecido a los demás. En realidad, el mundo no tiene nada de común ni de especial. *Común* y *especial* no son más que etiquetas que ponemos a algo para justificar nuestro aprecio o nuestro desprecio. Se puede encontrar algo de especial en cualquier cosa. El amor derriba las diferencias entre lo común y lo especial, y ve lo maravilloso que es ser un ser humano ordinario que vive entre otros seres humanos ordinarios y otras innumerables criaturas, en lo que seguramente sea un planeta ordinario que gira alrededor de una estrella ordinaria.

Tenga confianza en que, en un camino de amor, usted seguirá teniendo preferencias, seguirá distinguiendo lo que quiere de lo que no quiere, y tomará decisiones a lo largo de la vida. De hecho, elegir una cosa con preferencia a otra es más sencillo cuando se sigue un camino de amor, porque el peligro es menor: sea cual sea su camino elegido, seguramente encontrará muchas cosas que amar.

Práctica 21

DESCUBRA LOS MOTIVOS POR LOS QUE LE GUSTA O NO LE GUSTA ALGO

La experiencia no es lo que le sucede al hombre. Es lo que el hombre hace con lo que le sucede.

ALDOUS HUXLEY

Todas las cosas tienen sus elementos positivos y negativos. Cuando amamos algo, nos centramos en lo positivo y dejamos en paz lo negativo. Cuando no nos gusta algo, exageramos lo negativo y quitamos importancia a lo positivo. En esta práctica, usted piensa en las características positivas y en las negativas, y observa el modo en que actúan la atención selectiva y la interpretación para crear una experiencia. También reforzará su capacidad de centrar la atención y de interpretar intencionadamente sus descubrimientos.

Piense en personas que le agraden o a las que ame, o a las que haya amado en el pasado. Encabece páginas de su diario con sus nombres y escriba dos columnas para cada persona. En la columna de la izquierda enumere todos los motivos que se le ocurran para amar a esa persona. ¿Qué rasgos atractivos o positivos le hicieron regocijarse en él o en ella, o estimarla? Si le resulta difícil concretar esos motivos, especule sobre cuáles podrían ser. Enumere también, en la columna de la derecha, todos los rasgos no atractivos o negativos de la persona que se le ocurran. Si le resulta difícil pensar en estos últimos, anote rasgos negativos que otras personas ven o podrían ver en esta, aunque usted no los vea. Pregúntese a sí mismo: «Si a alguien no le gusta esta persona, ¿cuáles podrían ser los motivos?».

Realice esta práctica para otras personas, animales, lugares, actividades y objetos que le hayan gustado o que le hayan desagradado. Son muy buenas para el ejercicio las cosas que ha amado y de las que luego se ha «desenamorado», o las que no le gustaban al principio y luego aprendió a amarlas.

Advierta que, del mismo modo que usted ha elegido amar algunos de estos objetos y no apreciar otros, otra persona bien podrían amarlas o despreciarlas limitándose a concentrarse en una de las listas de rasgos y no tomándose en serio los demás. Considere una por una las listas de rasgos de los objetos que no le gustaron, e imagínese cómo sería amar ese objeto. ¿Estaría usted dispuesto a amarlo? Si no es así, ¿por qué no?

El amor intencionado

Los verdaderos huertos de frutales y los verdaderos frutos están dentro del corazón; el reflejo de su belleza incide sobre esta agua y esta tierra (el mundo externo)...

Todos los que se engañan vienen a contemplar este reflejo, creyendo que aquí está el paraíso.

Huyen del origen de los huertos de frutales; se alegran por ver una ilusión.

RUMI

Dado que amar quiere decir interpretar los hechos con un sí, queda claro el papel de la interpretación para la creación del amor. Las experiencias de calentamiento del corazón que enumeramos en el capítulo 1 están cargadas de interpretaciones positivas, cada una un poco diferente de las demás. Usted crea su amor insuflando un sí a los objetos y a los hechos de su vida.

Por supuesto, usted puede mantener la visión reactiva del amor. Suponga que usted vive su vida, y que un día resulta que le atrae una persona. Sus rasgos son tan maravillosos que usted reacciona con cariño, regocijo o asombro. Como amante reactivo, cuando se da cuenta de que está amando, ya sabe qué es lo que causó su amor: evidentemente, los rasgos atractivos de su persona amada.

Lo que sucedió verdaderamente fue lo siguiente: su atención siempre está divagando de aquí para allá, en función de los hechos. En este caso, cuando usted advierte los bellos rasgos de la otra persona, le parecen tan maravillosos que superan sus niveles o sus expectativas, de modo que usted puede centrarse en ellos y dedicarse a apreciarlos y a sentir cariño hacia esa persona. Ha descubierto que es digna de amor. Usted escudriña activamente sus cualidades buscando lo positivo, lo hermoso, lo admirable. Al encontrarlo, refuerza su regocijo y su alegría, y la persona le parece mejor todavía que antes. Usted se enamora, cae en un torbellino de interpretaciones positivas y afirma que los motivos de su amor son los bellos rasgos que advirtió en primer lugar, o los que encontró al apreciar activamente a su persona amada.

Pero estos motivos no son suficientes para *sustentar* el amor, como han descubierto incontables personas cuando se han «desenamorado» de alguna persona cuyas cualidades no habían variado en nada. Cuando estas personas vieron con claridad creciente los inevitables aspectos negativos de su ser amado, fueron arrastradas por un torbellino semejante, en el que buscaban activamente cada vez más rasgos negativos en vez de positivos. Y, por supuesto, los encontraron: nuevos motivos para potenciar un «no» de todo corazón cada vez mayor, dirigido al antiguo ser amado.

El verdadero motivo para amar es querer amar: acercarnos al ser querido con corazón abierto, decididos a prestar atención y a apreciar. La mayoría de nosotros dejamos que nuestra atención divague, buscando incansablemente circunstancias que sean lo bastante interesantes como para mantener la atención sobre ellas durante un momento antes de pasar a otra cosa. Nuestra atención es una víctima de las circunstancias, una barca a la deriva en el mar de la vida, y todo amor que experimentamos es amor reactivo.

No tiene por qué ser así. Usted no tiene por qué dejar flotar su atención ni dejar caer interpretaciones antiguas en los hechos de hoy. Usted puede *decidir lo que quiere amar, y decidir interpretarlo positivamente,* y, por lo tanto, amar intencionadamente, en vez de esperar el destello ocasional del amor reactivo. Esto aumenta su valor como objeto del amor de usted. El amor no es ningún autoengaño; es una creación artística. Los pintores no copian la realidad; la pintan, pero al hacerlo le dan una importancia dentro de la vida humana.

Usted puede vivir en el amor, en una predisposición constante a apreciar todo lo que está en su vida y a regocijarse con ello. Las experiencias de calentamiento del corazón fluyen a partir de esa intención; las circunstancias no hacen más que darle una excusa. El mundo es una pantalla sobre la que usted proyecta su amor. Y esa es una gran noticia. Responder intencionadamente con un sí abre un camino para conocer el mundo, un camino que siempre está disponible. En *este* momento, usted puede decidir amar. ¡Ahora! Al fin y al cabo, todo lo que puede suceder en algún momento del futuro nunca llega a suceder hasta que acaba por suceder en algún momento del *ahora*. Del mismo modo que la apatía, la ira o el miedo siguen una espiral creciente si les da rienda suelta, lo mismo le sucederá con el sí de todo corazón.

Práctica 22

DECIDA EL MODO DE INTERPRETAR SUS ACTIVIDADES DIARIAS

De la felicidad al amor solo hay una decisión.

LEO BUSCAGLIA

Usted pasa la mayor parte de su vida haciendo las mismas cosas todos los días: lavando platos, duchándose, conduciendo el coche, cocinando o comiendo. Puede interpretar estas actividades de incontables maneras, y, en esta práctica, usted decide entre ver lo que está haciendo como una expresión de amor o como una obligación que le desagrada. Así aumentará su conciencia de cómo crea sus experiencias. Reforzará su habilidad a la hora de elegir sus propias interpretaciones en lugar de aplicar automáticamente una de ellas. Le hará menos proclive a suscribir, como evidente e inevitable, la primera interpretación que le venga a la cabeza.

Elija una actividad corriente y piense cómo podría explicarla o describirla como manifestación de amor. Tome notas sobre sus pensamientos, o escriba su descripción en su diario. Después, tome la misma actividad, pero descríbala esta vez como un deber desagradable. Si le es posible, exponga sus descripciones a un amigo, por lo menos, con mucho sentimiento en cada una de ellas.

Por ejemplo, usted puede lavar los platos como servicio a su familia, a las personas a las que ama, o como celebración de la comida, de la abundancia y de los seres queridos, o como ejercicio de eficacia, o como rato que le sirve para meditar, ya sea en silencio o con música, o como oportunidad para llevar a cabo alguna de las prácticas de este libro. Por otro lado, usted puede considerar que lavar los platos es una tarea triste y cansada, que le roba un tiempo que no tiene y que le deja las manos blancas y arrugadas. Además, ¡los platos volverán a ensuciarse dentro de una hora!

Después, siempre que realice la actividad, utilice su voz interior para alternar entre las dos interpretaciones. Vea con cuánta fuerza puede colocarse a sí mismo en cada una de las dos visiones; crea sinceramente lo que se está diciendo a sí mismo. Advierta que la actividad en sí no le dicta ninguna visión correcta. Los platos limpios son higiénicos, y a la gente le gusta comer en ellos. Pero es verdad que se tarda un tiempo en limpiarlos y que se vuelven a ensuciar. En la vida existen muchas cosas así. De usted depende la manera de interpretarlas.

Dar intencionadamente un significado

No debemos considerar que nuestro pasado está establecido definitivamente... Mi pasado varía a cada minuto, en función del significado que se le da ahora, en este momento.

CZESLAW MILOSZ

—La cuestión —dijo Alicia— es si usted puede hacer que las palabras signifiquen tantas cosas diferentes.

—La cuestión —dijo Humpty Dumpty— es quién es el que manda, eso es todo.

LEWIS CARROLL

El significado es la experiencia de ver una cosa relacionada con otra. El mito común de la reacción dice que los hechos y los objetos tienen significados verdaderos e intencionados, basados en relatos verídicos que los relacionan con otros hechos y objetos. Según ese mito, los significados están allí y solo esperan a ser descubiertos; lo más probable es que se trate de los más evidentes que le comunican sus padres, sus amigos y los medios de comunicación. Usted no tiene elección.

Sobre la repisa de la chimenea de mi cuarto de estar está un jarrón que hizo mi hija Karen cuando era pequeña. Yo puedo verlo simplemente como un jarrón. O puedo enriquecer su significado haciendo que represente a Karen, su energía y su vitalidad. Si se me rompe, puedo dramatizar el hecho y convertirlo en una tragedia acordándome de cuando lo hizo y considerando que su pérdida es un símbolo del crecimiento de mi hija y de su abandono del hogar. O podría aceptar que ya no tengo un jarrón, sino un montón de trozos de cerámica. Podría aprovechar su pérdida para valorar a Karen cada vez que estoy con ella, pues no siempre lo estaré.

El significado solo existe en la experiencia de los seres vivientes. Cada persona encuentra un significado diferente en el *mismo* hecho, porque relaciona diferentemente el hecho con otros objetos y hechos. Usted puede elegir conscientemente sus relatos para dar a la vida un significado de amor. Como Humpty Dumpty, puede mandar sobre sus significados.

Práctica 23

CAMBIAR EL SIGNIFICADO CAMBIANDO EL RELATO

¿De dónde venimos? ¿Adónde vamos? ¿Cuál es el significado de esta vida? Eso es lo que gritan todos los corazones, lo que preguntan todas las cabezas mientras dan golpes contra el caos.

NIKOS KAZANTZAKIS

Esta práctica es la primera de varias en las que usted crea intencionadamente diversos significados para los *mismos* hechos. Esto le impide quedarse atrapado por relatos que aprendió hace mucho tiempo. Lo libera para crear experiencias tal como decida crearlas.

Recuerde algún hecho de su vida que no salió como usted habría querido. Encabece una página de su diario con los hechos desnudos.

Vuelva en la imaginación al hecho en cuestión y escriba uno o dos párrafos de la historia interpretándola negativamente. Dramatice la pérdida, el dolor o la vergüenza como si escribiera un melodrama.

A continuación, escriba un párrafo o dos del relato, interpretando el hecho positivamente. Ponga de manifiesto el modo en que ayudó a desarrollarse a las personas que participaron en él, las liberó para que siguieran adelante y vivieran diversos caminos que eran más adecuados para ellas. Describa el modo en que el hecho reforzó, o pudo reforzar, a los que lo experimentaron, el modo en que esas personas pudieron aprovecharlo para tener mayor introspección y compasión, para tener más amor.

¿Puede situarse usted a voluntad en cualquiera de los dos relatos? ¿De qué manera varía su experiencia del hecho cuando revive uno u otro de los relatos? La reinterpretación intencionada de los hechos es una herramienta poderosa para eliminar los *noes* de corazón y sustituirlos con *quizá* y con *síes.*

Como otro ejemplo, si su cónyuge y usted deciden separarse, eso puede querer decir que su matrimonio ha sido un fracaso, que jamás debieron unirse, y que uno de los dos, o ambos, son personas terribles. También puede querer decir que se han ayudado mutuamente a aprender y a amar, y que a lo largo del proceso se han separado de tal modo que ha llegado la hora de seguir por su cuenta, agradecidos de las experiencias, dispuestos a aprender y a amar con otras personas de otras maneras. Con esa interpretación, usted puede amar para siempre a esa persona que ha sido una parte tan importante de su vida.

Y la vida es tal como la hacemos, siempre lo ha sido y siempre lo será.

ABUELA MOSES

4

Abrir su corazón al mundo

Hasta el final de los tiempos
la materia seguirá siendo joven,
exuberante,
chispeante,
recién nacida,
para los que están dispuestos.

TEILHARD DE CHARDIN

Cultivar su acercamiento a los hechos

ESTOY sentado en el sofá de la sala de estar familiar junto a Elizabeth, que tiene diez años. El suelo parece una papelera volcada, con juguetes de los gatos, una cartera del colegio, juegos, naipes, la bolsa de los bocadillos de alguien, tijeras, recortes de papel, lápices y rotuladores de colores, libros, piezas de juegos de construcciones, una canica y dos adornos de papel que quedaron de las Navidades, hace tres meses. Le digo: «¡Mira cuántas porquerías hay en este cuarto! ¡Es vergonzoso!». Elizabeth me dice: «A mí me parece que esto es amor».

Todo es cuestión de cómo nos acerquemos al mundo. Con el corazón abierto para ver e interpretar lo que encontramos con un sí de todo corazón, podemos crear un asombro constante ante la alegría de vivir.

Abre los ojos —grita Dios—, ¡quiero ver!
Abre los oídos, ¡quiero oír!
Pasa a primera fila: ¡Tú eres mi cabeza!

NIKOS KAZANTZAKIS

Práctica 24

CREE SU MUNDO POR MEDIO DE SU ATENCIÓN

Cuando te des cuenta de que eres la luz del mundo, también te darás cuenta de que eres el amor del mundo; de que conocer es amar y amar es conocer.

SRI NISARGADATTA MAHARAJ

Seas quien seas: sal algún atardecer de tu casa,
que conoces tan bien.
El espacio enorme está próximo,
tu casa está donde este empieza, seas quien seas.
Te resulta difícil arrancar los ojos del umbral inclinado,
pero, con los ojos,
levanta, lenta, lentamente, un árbol negro
hasta que se yerga sobre el cielo, desnudo, solitario.
Con eso has creado el mundo.

RAINER MARIA RILKE

Como «luz del mundo», es como si tuviera una linterna con un vidrio de color, que explora la oscuridad en un vasto mundo de riqueza sin límites. Usted solo ve lo que ilumina con la linterna, y solo del color del vidrio de esta. Así, proyecta sobre el mundo su propia actitud de espíritu.

Cuando proyecta amor, experimenta amor. Para saber cómo se acerca a un hecho, debe tener en cuenta varios aspectos:

— Lo que *cree* sobre usted mismo y sobre el hecho.
— Lo que *se propone* al acercarse al mismo.
— Sus hábitos de *atención,* que filtran muchos de sus rasgos.
— Su *interpretación* y sus *juicios* sobre el hecho.
— Lo que *significa* para usted.

En este libro estudiaremos cada uno de estos aspectos de su acercamiento a los hechos, para que pueda elegir intencionadamente cada uno de ellos para tener más amor.

Usted es capaz de enfocar nítidamente su percepción sobre aspectos determinados del mundo que tienen importancia para usted. Si tiene hambre, todos sus sentidos buscan comida; si tiene miedo, todos sus sentidos buscan la amenaza. Esta práctica se basa precisamente en este tipo de enfoque selectivo de los sentidos. Con ella, usted se hará cada vez más sensible. La sensibilidad es conciencia, conciencia aguda. Cuando más sensible es usted, más nota y aprecia incluso los detalles pequeños, y su conciencia aumentada del mundo da más eficacia a sus actos.

Esta práctica es un juego de atención al que puede jugar en cualquier momento y en cualquier lugar, sin que importen las circunstancias. Cierre los ojos y despeje la mente durante un minuto. Después, abra los ojos y, con gran determinación, recorra con la vista todo su campo visual buscando líneas rectas. Advierta líneas rectas y más líneas rectas. Pueden existir pocas, o centenares. En cuanto encuentre una línea recta, déjela para buscar otra. No dedique tiempo alguno a ninguna otra cosa. Cuando haya agotado las líneas rectas visibles, cierre los ojos y descanse.

Cuando vuelva a abrir los ojos, busque con la vista el color rojo. Advierta cada punto rojo que lo rodee, saltando rápidamente de uno a otro. Mantenga firmemente su atención en buscar el color rojo, de modo que ninguna otra cosa lo distraiga. Cuando haya terminado con el rojo, vuelva a descansar la vista. La próxima vez, busque brillos.

También puede jugar a este juego con sonidos. En función de dónde esté, intente oír cantos de pájaros, sonidos de insectos, ruido de tráfico o voces de personas.

Si está en un lugar público, busque rostros felices o tristes, personas con el pelo negro, rubio o pelirrojo, niños, adolescentes, personas mayores, personas que parezcan cansadas, parejas de enamorados.

Sienta bajo usted la silla, el suelo o la cama, que lo empujan hacia arriba y lo apoyan. Busque picores por todo su cuerpo. Sienta cómo entra el aire por su nariz y le llena los pulmones, y vuelva a sentirlo salir cuando sus pulmones se contraigan. Con los ojos cerrados, recorra la superficie de su cuerpo sintiendo cómo su ropa lo acaricia y le da calor.

Preste atención a las pequeñas arrugas del rostro de la persona con quien habla. Advierta los brillos de su pelo. Escuche las elevaciones y las caídas de su tono de voz, el ritmo de sus palabras.

Si usted está acariciando el cabello o la mejilla de alguna persona, dedique durante un minuto toda su atención a sentir ese cabello o esa mejilla. Si está besando a alguien, limítese a sentir sus labios contra los de usted.

Con el tiempo, experimente la dirección de su atención de incontables maneras, explorando el mundo en que vive, aprendiendo que tiene mucho más que ofrecerle de lo que será capaz de experimentar jamás. Al colocar su atención en un lugar, advierta cómo desaparece el resto del mundo, cómo crea su mundo por medio de la atención selectiva. En su camino de amor, haga uso de esta capacidad para amar selectivamente, en vez de vivir otras experiencias posibles en sus circunstancias.

Es importante establecer la diferencia entre la sensibilidad, que se agudiza con la práctica 24, y la vulnerabilidad. La *sensibilidad* es la conciencia potenciada, mientras que la *vulnerabilidad* supone poner nuestra experiencia en manos de los hechos. En concreto, vulnerabilidad quiere decir añadir nuestra propia alteración al dolor o a la amenaza de dolor, ya sea nuestro o de otra persona. Vulnerabilidad es lo contrario de amor: asigna la responsabilidad de nuestro propio «no» de todo corazón a los noes del resto del mundo.

Práctica 25

LA PERCEPCIÓN COMO AMAR

No existe ninguna fórmula ni método secreto. Se aprende a base de amar: prestando atención, y haciendo lo que se descubre que hay que hacer.

ALDOUS HUXLEY

Estudié zen durante treinta años.
¡Cuántas veces cayeron las hojas y se renovaron los brotes!
Pero cuando vi de verdad las flores de los melocotoneros,
no volví a tener duda alguna.

REIUN

Estoy sentado en la sala, leyendo, cuando entra Karen, que tiene catorce años. Se pone a dibujar durante unos minutos mientras yo leo. Alzo la mirada y *deseo* con todas mis fuerzas amarla: apreciar su espíritu, su calor, su belleza y su vida. Me entrego a ella. Parece que ella no es consciente de mí; deja el lápiz y sale de la habitación. Cuando llega al rellano de la escalera, dice de pronto: «¡Oh, me siento maravillosamente!». Levanta los brazos y cruza el comedor girando sobre sí misma, y después entra en la cocina bailando, llena de gracia y de felicidad. Yo, con el corazón más caliente, vuelvo a mi lectura. De algún modo, acabo de participar en un milagro.

Su experiencia de relación con el mundo —ya sea usted uno con él, forme parte de él o sea ajeno a él— depende de cuál de estas cosas crea usted. Su relación con el mundo es otro mito que se confirma a sí mismo. Por supuesto, usted no puede cambiar la realidad a base simplemente de repetir una frase del tipo: «Amo al mundo, y el mundo me ama». Pero puede practicar la orientación del amor mutuo, y a la larga tendrá al mundo enamorado de usted, y llegará a saber que usted está enamorado de él.

En esta práctica, usted irradia amor a cada objeto que percibe con los sentidos. Acaricia con las manos todo lo que toca. Mientras oye cantar al petirrojo, lo bendice de todo corazón mientras recorre su jardín dando saltitos. ¿De cuánta energía de amor puede hacer acopio para transmitirla a través de sus sentidos?

Práctica 26

LA PERCEPCIÓN COMO SER AMADOS

La fe es la apertura de todos los aspectos y de todos los niveles de la vida al flujo divino.

MARTIN LUTHER KING

Llamas «tú» al árbol y te entregas a él, y él te llama «tú» y se entrega a ti... Algo se ilumina y se acerca a nosotros desde la fuente del ser.

MARTIN BUBER

Esta práctica es la complementaria de la número 25. En vez de irradiar amor, usted utiliza sus sentidos para recibir el amor del mundo hacia usted. Si no interpreta al mundo como amándolo a usted, jamás se sentirá amado. Ser amado quiere decir ser el receptor de otro sí de todo corazón. Puede ser el sí del sol que calienta su cuerpo. Puede ser el sí de sus alimentos que le agradan y le confortan, del pájaro que canta posado en el alambre del teléfono, o del chico que viene a repartir propaganda.

Imagínese que el mundo ha establecido deliberadamente las circunstancias que lo rodean, para que todo lo que ve, oye, gusta y toca vaya orientado hacia usted como expresión de un sí sentido profundamente y dirigido hacia usted. En vez de ser una persona que contempla una nube, sepa que lo que ve es una nube que le envía su sí. En vez de acariciar a su gato, sienta que su gato se brinda a acariciar su mano con el más profundo amor. El agua lo ama cuando sacia su sed. La música le acaricia los oídos.

Puede que en sus primeros intentos de percepción de este tipo no tenga gran habilidad. Ni siquiera los campeones del mundo de patinaje sobre hielo estuvieron demasiado hábiles cuando se pusieron por primera vez unos patines y salieron tambaleantes a la pista de hielo. Una vida de amor no es trabajo de una tarde.

La vigilancia: desarrollar una orientación poderosa

Si debemos marcarnos un propósito, es el siguiente: transustanciar la materia y convertirla en espíritu.

NIKOS KAZANTZAKIS

Vayas donde vayas, aplica todo tu corazón.

EL SHU KING

En todos los momentos de su estado de vigilia, usted tiene una orientación. Su *orientación* es en lo que tiene fijada su atención ahora mismo. Podría concebirla como la respuesta a la pregunta: «¿Dónde estoy?». Puede que consista en leer esta frase, en revolverse en la silla para estar más cómodo, en buscar las palabras adecuadas para expresar lo que quiera decir, o frotarse un ojo que le pica.

En la mayoría de los momentos, seguramente usted se da poca cuenta de haber *deseado* el sentido en que se dirige su atención. Puede que haya deseado su *meta,* un destino concreto, como lavar los platos o leer este libro, pero no su orientación momentánea mientras se dirige hacia ese destino. Pero usted *podría* desear esa orientación. Podría tener la orientación de amar, en cualquier momento y sin que importe lo que esté haciendo.

Si quiere dirigirse en un sentido determinado, tiene que reunir varios momentos en los que esté dirigido en ese sentido. Cuantos más momentos pase usted orientado hacia el este, más lejos llegará hacia el este. Esta dirección general del movimiento, ya haya sido elegida voluntariamente o determinada por las circunstancias, es su *propósito.* Se diferencia de una meta en el hecho de que las metas son concretas. Usted sabe si ha alcanzado una meta o no: los platos están limpios o no lo están. El propósito es la respuesta a la pregunta: «¿Para qué estoy aquí?». La respuesta podría ser: «Para lavar los platos, nada más». Pero si usted quiere amar mientras lava, la respuesta podría ser: «Para regocijarme en cada momento mientras lavo estos platos».

Incluso si su propósito es que los platos se laven, su orientación momentánea no puede ser lavar los platos. Lavar los platos no es obra de un momento; es un acto que dura veinte minutos. Usted *puede* orientarse a quitar la grasa de esta sartén; quitar la grasa es un acto momentáneo. Puede alinear su orientación con su propósito a base de tomar y lavar primero este plato, luego aquel, hasta que todos estén limpios. O puede dejar que su orientación vague por todas partes mientras tarda más tiempo en lavar los platos.

El hecho de ser humano tiene una consecuencia inevitable: es *usted* quien tiene que decidir cuál es el propósito de su vida. Y viviendo basándose en esa decisión, avanzará en ese sentido. Es decir, que usted da a su vida el propósito que decida.

A lo largo de la historia humana, la mayoría de las personas no han tenido grandes propósitos, aparte de sobrevivir y de hacer lo que hicieron sus antepasados. Nosotros somos increíblemente libres si nos comparamos con ellos. Podemos afirmar un propósito para la vida, aunque nos damos cuenta de que puede no llegar a realizarse, para tener un sentido, gracias al cual la vida cobra una perspectiva. Para tener una vida de amor, elija el amor como propósito principal de la vida.

Cuando se pregunte «¿Para qué estoy aquí?», con el fin de determinar su propósito, no recurra a las circunstancias para encontrar la respuesta. *Afirme* su propósito (amar), y deje que sea este el que decida la cuestión, en vez de basarse en cómo se siente o en lo que desea en ese momento.

El amor es una buena elección como propósito de una vida que, de otra manera, sería un ciclo inacabable de persecuciones: se persigue esto, que es útil para eso, que es útil para lo de más allá, que es útil para otra cosa más. ¿Dónde termina este ciclo? Un saco de dormir y un buen par de botas son útiles para una acampada de una noche, pero esa acampada no es sino una cosa más que hay que vivir, a no ser que usted sea capaz de convertirla en alegría. Su amor puede afectar al mundo en millares de maneras positivas, pero elija el amor como propósito por la experiencia en sí, que es un fin por sí misma.

Práctica 27

APRENDIZAJE DE LA VIGILANCIA

> *Si el corazón divaga o se distrae, vuelve a traerlo a su centro con mucha suavidad y vuelve a ponerlo tiernamente en presencia de su Señor. Y aunque durante toda tu hora no hayas hecho más que volver a traer tu corazón y ponerlo en presencia de Nuestro Señor, aunque se escapara siempre que lo traías, tu hora habrá estado bien empleada.*
>
> SAN FRANCISCO DE SALES

La vigilancia es la práctica de dirigir la atención, momento a momento, en el sentido de su propósito. Se llama vigilancia porque tenemos que tener en la mente nuestro propósito mientras vigilamos nuestra atención. Así, cada vez que advertimos que nuestra orientación se ha desviado del propósito, la realineamos con calma.

La práctica de la vigilancia, en alguna de sus muchas formas, ha desempeñado un papel importante en las vidas de incontables personas a lo largo de toda la historia que se recuerda. Han basado en ella sus vidas espirituales, y la han utilizado para cumplir incontables tareas, sobre todo las más difíciles. Para cultivar una orientación poderosa:

1. Conozca su propósito, que es la respuesta a la pregunta: «¿Para qué estoy aquí?».
2. Advierta su orientación, que es la respuesta a la pregunta: «¿Dónde estoy?». ¿Dónde está enfocada su atención en este momento?
3. Mantenga su orientación alineada con su propósito. Cuando se desvíe, limítese a volver a colocar su atención en el sentido de su intención, sin distraerse a sí mismo más todavía a base de decirse lo torpe que ha sido por haberse distraído.

Si ha practicado alguna vez la meditación, habrá practicado este esquema. Su propósito puede haber sido sentarse en silencio prestando atención a su respiración. Cada vez que advertía que su atención se había desviado, se limitaba a volver a llevarla a su respiración.

Por otra parte, cuando ha conseguido concentrarse, también ha practicado este esquema. Tenía un propósito, que podía ser escribir una carta, tocar una pieza musical o ganar una partida de algún juego. En cuanto observaba que tenía la atención orientada en otro sentido, volvía a llevarla con calma a la carta, a la música o al juego.

Puede practicar la vigilancia en cualquier momento. Por ejemplo, mientras lee este libro, pregúntese de vez en cuando cuál es su propósito. Su respuesta puede ser: «Crear en mi mente el significado de estas palabras, para poder aprender a amar con más frecuencia y con más riqueza, y disfrutar de ello». Pero también puede descubrir que su orientación es buscar defectos, hacer juicios de valor, estar de acuerdo o en desacuerdo con lo que está escrito. ¿Está haciendo usted de editor o de crítico, y no de persona que quiere sacar el mejor partido posible de este libro?

Cuando usted decide realizar una de las prácticas de este libro, acéptela como su propósito. A continuación, advierta su orientación momentánea, contemplando aquello en lo que está centrado ahora mismo. No intente determinar cuál es su orientación en función de su propósito. Su propósito puede ser amar, mientras que su orientación puede ser gritar obscenidades a alguien que se ha saltado un semáforo.

Usted no puede calcular cuál es su orientación. Solo puede advertirla, y situarla intencionadamente.

La vigilancia quiere decir elegir lo que estamos buscando para que lo que encontremos sea lo que deseamos. Si usted quiere que su vida esté más llena de amor, elija de antemano la respuesta a la pregunta: «¿Para qué estoy aquí?». Que esa respuesta sea: «¡Para amar!». Después, practique la vigilancia con ese propósito.

Práctica 28

LA CONDUCCIÓN COMO PRÁCTICA DE VIGILANCIA

Nadie aprende verdaderamente a insultar hasta que aprende a conducir.

ANÓNIMO (CITADO POR ARTUR BLOCH)

Las personas de la calle me estorban porque yo me choco con ellas como posibles rivales. En cuanto las vea como compañeras en la lucha, las apreciaré.

TEILHARD DE CHARDIN

Conducir es una actividad común que presenta una variedad inacabable de desafíos inesperados para el que quiere mantener un propósito de amor. En concreto, parece que la injusticia triunfa en la carretera una y otra vez, pues los que se arriesgan y no se ciñen a las reglas pasan por delante de los que van sobre seguro. Por lo tanto, la conducción es un momento ideal para practicar la vigilancia. Para conducir con amor un coche (o una bicicleta), tenemos que enviar compasión a una serie de conductores que parecen inmorales e ineptos y, con la misma frecuencia, a nosotros mismos, cuando advertimos cómo nos dominan nuestros hábitos de juicios de valor negativos. Cuando conduzca:

1. Mantenga el propósito de amarlo todo; de disfrutar del viaje con compasión y con aceptación relajada de los demás conductores, sin que importe lo que hagan. En vez de conducir simplemente para llegar al trabajo o a algún otro destino, esté fe-

lizmente en el momento con los camiones, los coches, el cielo, las casas y la carretera.

2. Que su objetivo sea llegar a su destino con seguridad y respetando la ley.
3. Véase a sí mismo participando en una empresa compleja, en la que todos cooperan por el bien común.
4. Adviértase a sí mismo con compasión cuando se distraiga de su propósito y reaccione con frustración o con ira. Cuando se encuentre a sí mismo absorbido por los hechos, abandone tranquilamente su ira o su actitud competitiva y vuelva a llevar su atención al amor.

Sepa por adelantado que experimentará en la carretera toda la gama de posibilidades de la pericia automovilística y de la cortesía. No existe manera alguna de recibir únicamente la parte mejor de esa gama: toda ella saldrá a relucir. Advierta que usted, como todos los demás, conduce algunas veces con mayor seguridad y cortesía que otras, y que, por lo tanto, presenta su propia gama de cortesía y de pericia a los demás conductores de la carretera.

Desde cierto punto de vista, a la altura de la carretera, la gente siempre está cometiendo excesos de velocidad, acercándose demasiado, saltando de carril sin avisar, cortándose el paso, haciendo cosas peligrosas, y después echándole cara dura para darse la razón a sí mismos. Se ven acelerones, frenazos, ira, gritos, gestos y negativas a reconocer los errores. Desde el punto de vista de un helicóptero que sobrevuela la carretera, los taxis, los coches particulares, los camiones y los autobuses llenan las calles y circulan de una manera tan coordinada y cooperativa que parece que todos advierten lo que quieren hacer todos los demás, y que todos se unen para que todos puedan hacerlo. La cuestión de si la conducción es una cooperación o una competencia depende de cómo se acerque usted a ella.

Cuando llegue a su destino, dedique un momento a felicitarse a sí mismo por haber llegado allí con seguridad y con un propósito de amor. Con esta práctica de vigilancia, verá cada vez más a los seres humanos (a los demás y a usted mismo) con una compasión profunda. Será capaz de vivir con amor en presencia de una gama de circunstancias mucho más amplia de lo que usted cree posible ahora mismo.

Práctica 29

LA ATENCIÓN COMO CARIÑO

Solo puedes prestar toda tu atención cuando sientes cariño por algo, lo que quiere decir que verdaderamente amas.

J. KRISHNAMURTI

Esta práctica es un ejercicio de *cariño* hacia cualquier cosa a la que usted esté prestando atención. En cierto sentido, cualquier cosa a la que se presta atención es lo que más nos interesa en este momento. Al fin y al cabo, le estamos prestando atención en vez de hacer cualquiera otra cosa, de modo que debe ser lo más importante para nosotros en este momento.

Pero no es lo mismo *cariño* que *atención.* Las máquinas pueden prestar atención, pero no cariño. La atención motivada por el cariño pone de relieve el interés y el desvelo por el objeto de nuestra atención. Como vamos a prestar atención a una cosa tras otra durante el resto de nuestras vidas, vamos a tener cariño por una cosa tras otra. En esta práctica, usted siente un *verdadero* cariño, enorme, por alguna cosa que, de otro modo, usted se plantearía como un suceso diario cualquiera.

En la parte izquierda de una hoja de papel escriba el encabezamiento: ¿Qué es lo que me importa? En la parte derecha escriba: «¿Qué es lo que no me importa?». Mientras reflexiona sobre esos encabezamientos, escriba una lista de personas, tareas, lugares, objetos, ideas... de todo tipo de elementos que le vengan a la cabeza.

Para los elementos de la columna de la derecha, pregúntese a sí mismo por qué decide hacer algo por lo que no siente cariño. ¿Qué es lo que lo motiva para dedicar su atención a esta persona, a este objeto, a esta tarea, a esta idea? Sea consciente del cariño por su propia vida y, quizá, por las vidas de los demás, que está en un segundo plano cuando usted decide hacer la colada, por ejemplo. ¿Es usted capaz de hacer pasar la colada de la lista de la derecha a la lista de la izquierda, y concebir la colada como una manifestación profunda de cariño hacia sí mismo y hacia los demás?

Encabece una página con el título: «¿Qué me compremeteré a ver como si me importase?». Anote en esa página elementos de la lista de la derecha con los que esté dispuesto a trabajar. Después, cuando se encuentre en su vida diaria con uno de esos elementos, dedíquese plenamente a verlo como importante y digno de consideración.

Dondequiera que tenga usted situada su atención ahora mismo, y aparte de cualquier motivo que pueda alegar para haberla situado allí, sepa que ha decidido atender a eso porque verdaderamente le interesa. Como eso es así, vea hasta dónde puede llegar su interés. Vierta su amor, haga que su vida en este momento sea una caricia hacia los objetos con los que se relaciona, y a través de ellos acaricie a otras personas, a sí mismo y al mundo. Llene de cariño toda acción en la que intervenga.

Esta práctica pone de manifiesto si usted se limita a «seguir las instrucciones» o si está haciendo las cosas porque cree que tiene que hacerlas. Pone de manifiesto aspectos de la vida que están maduros para ser transformados, mientras usted sigue un camino de amor.

Puede aprender a hacer que cualquier cosa le importe. Limítese a acercarse a ella como si le importase, trátela como si le importase, préstele una atención total, y su experiencia confirmará la importancia que tiene para usted. Este planteamiento es la esencia del amor intencionado. Usted elige voluntariamente ver esta cosa (¡entre todas las demás!) como si le importase tanto que está abrumado de cariño hacia ella, de amor por ella. Mientras vive su vida diaria, su atención siempre está enfocada, saltando de una persona, animal, objeto, tarea, actividad o pensamiento a otro. Ese elemento siempre le plantea la cuestión siguiente: «¿Estoy dispuesto a ver esto como si me importase profundamente? ¿Estoy dispuesto a amarlo?».

Práctica 30

ESTIMA TOTAL

Oh Tierra, eres demasiado maravillosa para que alguien te aprecie plenamente.

THORNTON WILDER

Los cielos declaran la gloria de Dios;
y el firmamento muestra su obra.

ANTIGUO TESTAMENTO, SALMO 19

Cuando usted repase su vida por el camino del amor, le quedará claro que todo el camino se reducía a esta única práctica. Todas las demás prácticas, ideas e inspiraciones eran unas ayudas para reafirmarlo en esta práctica que dura toda la vida.

Esta es la práctica del amor intencionado. Usted dedica un periodo de tiempo únicamente a estimar lo que tiene delante. Lo valora, lo disfruta, lo aprecia. Se acerca a ello con un sí poderoso, decidido a hacer uso de toda la sensibilidad que pueda para experimentarlo a través de esa interpretación. Practica la vigilancia, teniendo en cuenta que su propósito en este caso es estimar, y la sensibilidad, al aprender a apreciar matices que quizá no hubiera advertido siquiera antes.

Para empezar, prepare el despertador para que suene dentro de cinco minutos. Siéntese delante de una única flor y márquese el propósito único de estimarla. Que ese propósito lo incite a una interacción positiva y creadora con la flor. ¿Con cuánta fuerza puede estimar usted la flor en esos cinco minutos?

En sus prácticas, marqúese intervalos temporales diferentes y elija objetos diferentes para estimarlos. Aplique todo lo que ha aprendido en las demás prácticas de sensibilidad y de amor que ha realizado. Retarde sus sentidos, como lo haría para contemplar un cuadro famoso, y deléitese en lo que tiene delante. Ábrase a ese objeto. ¿Siente su piel o su cuerpo como si fuera una frontera o un muro entre el objeto y usted? ¿Es capaz de convertir su piel, con sus órganos sensoriales, en una abertura hacia el objeto, y, a través de este, en una abertura hacia todo el universo?

Para llevar a cabo estas prácticas tiene que estar dispuesto a entregar a otro ser, incluso con todos los defectos de este, el poder de conmoverlo. Si lo hace, puede parecerle que se ha dejado engañar por el otro ser. Por ejemplo, puede descubrir que a sus amigos les desagrada una persona a la que ama, o puede descubrir más adelante que a usted mismo le desagrada.

Pero la base del amor no es esa. El amor no es un juicio de valor sobre las cualidades de algún ser, ni momentáneo ni para siempre. El amor es una manera en la que se decide experimentar algo ahora mismo. Podemos maravillarnos de la belleza y de la habilidad de una serpiente de cascabel al mismo tiempo que esquivamos su ataque; incluso mientras decidimos que tenemos que matarla. Esta cuestión del juicio de valor y de su papel en el amor es tan importante que le dedicaremos el capítulo siguiente.

Oh mundo, ¡no puedo estrecharte lo suficiente!

EDNA ST. VINCENT MILLAY

5
Juicios de valor y exigencias

Cuando decimos que algo es bueno o malo, dejamos de pensar. Es el amor el que destruye el sentido de lo inferior y lo superior.

J. KRISHNAMURTI

Hacer juicios de valor

No juzguéis, y no seréis juzgados. Pues, según el juicio que pronunciéis, seréis juzgados, y con la medida con la que midáis, seréis medidos.

JESUCRISTO

EXISTE una creencia generalizada de que el amor es un juicio que se emite sobre los méritos de lo que se ama. Esta creencia tiene un coste enorme. Cuando nos acercamos al mundo como jueces suyos, valoraremos una parte de lo que vemos como buena, otra parte como mala, y el resto como mediana. Esta es la consecuencia inevitable de los juicios de valor.

Por ejemplo, cuando usted esté en una fiesta, los demás invitados despertarán su interés sentimental en grado variable. Si se acerca a ellos como juez, establece unos niveles. Si se niega a apreciar a nadie que no da la talla, no disfrutará de nadie que no sea un posible compañero sentimental. De hecho, usted ha marcado una *exigencia* que debe cumplirse para que esté dispuesto a amar a alguien. Sea cual sea su exigencia, no ha servido para cambiar a ninguno de los invitados a la fiesta: siguen allí. Sencillamente, usted ha decidido no apreciar a los que considera indignos de ser amados.

Como juez, usted vive su vida bajo la amenaza de los juicios: los suyos propios y los de los demás. Por bien o mal parado que salga de estos juicios incontables, seguirán amenazándolo. Incluso cuando a los demás no les importan estos juicios en lo más mínimo, usted seguirá atrapado por sus «¿Qué tal lo hago? ¿Estoy a la altura? ¿Soy lo bastante bueno?». Tal como juzgue a los demás, lo juzgarán a usted. Esta no es manera de vivir la vida como un sí de todo corazón.

De modo que, antes de salir para la fiesta, pregúntese a sí mismo cuál es su propósito al asistir a ella. ¿Es el mismo de un profesor que califica unos exámenes? Es decir: ¿Asiste usted para calificar a la gente, para juzgarla en función de alguna característica, como pueda ser su atractivo? ¿O va a la fiesta para regocijarse con la experiencia? Si es así, renuncie a juzgarlos y estime a todos los que pueda. Lo que hace verdaderamente digno de amor a un ser no es el hecho de que supere a otros seres en calidad, sino el hecho de que existe y de que está en nuestra vida.

Práctica 31

¿CUÁL ES EL PAPEL DE LOS JUICIOS DE VALOR EN SU VIDA?

Cuanto más aprenda acerca del modo en que los juicios de valor ahogan su amor, más capaz será de quitar fuerza a sus juicios. Desde luego, seguirá existiendo en su mente una vocecilla que se dedicará a juzgar y a valorar, pero usted no tendrá por qué tomarla tan en serio. De hecho, muchas veces considerará innecesaria esa voz, incluso le parecerá soberbia, pues quiere dar a entender que el modo en que dice que debería ser el mundo es como *verdaderamente debería* ser el mundo. Usted verá que el propio amor o rechazo de algún ser es su propia respuesta personal ante él, en vez de ser su descubrimiento de sus verdaderos merecimientos, y el resto del mundo no le parecerá tan equivocado por no estar de acuerdo con usted. Esta práctica le dará el poder de aplicar los juicios de unas maneras que no se interpongan con el amor, y de negarse a juzgar cuando los juicios no tienen utilidad para usted.

Redacte en su diario una lista de las personas, los hechos, los lugares, las actividades, y todo lo que se le ocurra, que usted suele juzgar. Usted expresa esos juicios de valor en las conversaciones, por escrito, e internamente en su mente. Junto a cada una de ellas anote su juicio más habitual. Por ejemplo: «Juzgo que ir de compras es divertido, pero que cocinar y lavar los platos son males necesarios». «En el trabajo, juzgo que Paúl es un patán molesto, pero juzgo que Bill es amistoso y colaborador.»

A continuación, considere el modo en que estos juicios de valor afectan a su amor, para cada elemento de la lista. ¿Cuál es su experiencia de ese elemento cuando está formulando el juicio? ¿De qué manera podría sentir la experiencia de cocinar si dejara de juzgarla como un trabajo pesado y, en vez de ello, le prestase atención? Pruebe a renunciar a los juicios de valor durante periodos de tiempo diversos, prestando mucha atención al elemento en cuestión. Por ejemplo, limítese a trabajar con Paúl sin valorar lo que dice o hace. ¿Es fácil, o difícil? ¿De qué modo cambia su experiencia? Sin la presencia de la voz juzgadora, ¿se diferencia la realidad de lavar los platos de la realidad de la mayoría de las demás actividades?

Abra una página de su diario con el encabezamiento: «¿A quién y qué debo juzgar?». Después, anote todo lo que le venga a la cabeza, incluyendo los elementos de la primera parte de esta práctica, y anote junto a cada uno de ellos qué justificación tiene para juzgarlo. Para los elementos en los que parece justificado el hecho de que usted los juzgue, ¿en qué sentido lo está? Por ejemplo, está claro que usted decide lo que debe hacer y lo que no debe hacer a cada momento, juzgando qué actos son las mejores para usted. Además, usted juzga los actos de sus hijos para asegurarse de su seguridad.

Cada vez que formula un juicio, supone que a usted le toca juzgar, que uno de los propósitos de su vida es juzgar lo que ve. Puede llegar a la conclusión de que ya se ha dedicado a eso lo suficiente, de que no necesita asumir diariamente la tarea de valorar a los demás.

Establecer comparaciones

Confrontar lo que te gusta con lo que te disgusta: esa es la enfermedad de la mente.

SENG TSAN, TERCER PATRIARCA DEL ZEN

La comparación es un tipo de juicio. Para comparar, no nos centramos en este objeto, sino en otros del pasado que nos parecen mejores o peores que este. Pero, a pesar de nuestras comparaciones, toda persona, araña, hoja de hierba, grano de arena o molécula es digna de amor, y existen personas que pueden amarlas y que las aman. Hace falta el mismo grado de costumbre y de habilidad para regocijarse por la tórtola que canta desde los alambres del teléfono como para regocijarse por mi hija pequeña, que trajo al dormitorio la bomba de hinchar los neumáticos «para dejarla en su sitio». En ambos casos, el regocijo es regocijo. Las comparaciones matan el amor.

Charlie Brown, el personaje de las historietas de Charles Schulz, dijo: «La vida es como un helado: hay que aprender a saborearlo». Cuando saboreamos un helado de fresa, toda nuestra atención puede estar centrada, como la de un niño, en el sabor frío, dulce, suave. O puede estar centrada en el hecho de que siempre nos ha gustado más el chocolate que la fresa, y en que este helado tiene más aire que otras marcas. Estamos atascados en el aprieto humano universal: es de fresa y no de chocolate, y está lleno de aire, y se está derritiendo. Puede comérselo con alegría, comérselo a disgusto, o dejar que se derrita.

Vivimos en un mar de comparaciones. Los periódicos están llenos de clasificaciones de atletas y de equipos deportivos. Los concursos de belleza nos dicen quiénes son las personas *más atractivas,* y los de inteligencia nos dicen quiénes son las *más listas.* Clasificamos a los músicos de la orquesta en función de su asiento, a las empresas en función de sus beneficios, a las naciones por su PNB, y a todo el mundo por lo que gana.

Al haber crecido en este mar de comparaciones, le resultará fácil caer en la costumbre de compararse a sí mismo (su cuerpo y sus obras) con otras personas, y, por lo tanto, no apreciar su propia vida porque no está a la altura. Puede encontrarse con incontables niveles de comparación, y siempre puede poner más alto el listón. Puede buscar lo mejor, y después lo mejor de lo mejor, hasta que tiene motivos para encontrar defectos en todo y en todos. Ah, sí, puede dejar sitio en la cumbre para un alma solitaria por encima del montón, para un lugar delicioso que es el más hermoso, para un trabajo soñado que podría satisfacer sus deseos.

Lo que tiene delante ahora mismo es lo que puede amar ahora mismo, sea cual sea el resultado de su comparación con otros seres. Siempre que deja de amar esperando a que llegue algo mejor, está diciendo «no» a lo que tiene delante. Siempre se ama hoy, en este momento, ahora, a esta persona, este objeto, esta tarea. Este ser es siempre el que se debe amar, porque es el que se tiene delante.

Práctica 32

PRESTAR ATENCIÓN A LAS COMPARACIONES

El amor es dejar de comparar.

BERTRAND GRASSET

En esta práctica, usted observa la cantidad de comparaciones que se establecen dentro de usted y a su alrededor, y advierte lo frecuentes que son. Se limita a observarlas, a presenciarlas, sin tomar partido sobre si algún acto de comparación determinado es adecuado o valioso. Con el tiempo, esta práctica lo liberará de comparar automáticamente, limitando así su capacidad de amar. Pero no dejará de ser capaz de recurrir a las comparaciones cuando quiera.

Preste atención a las comparaciones que encuentre en los medios de difusión, en las conversaciones de los demás y en las que usted mismo mantiene con otros, y en su propia mente, mientras habla consigo mismo a lo largo del día. Hojee su periódico o su revista y señale todos los pasajes donde se compara algo o se establece una clasificación. Sea consciente del mar de comparaciones en que vive, de la frecuencia con que lo incitan a comparar su casa con la de un decorador profesional, su país o su comunidad con otras, su comida con la de un gran cocinero, su trabajo con el de las personas de mayor *éxito,* su cuerpo con el de un modelo profesional.

Cuando oiga que la voz de su mente establece comparaciones o juicios, anote sus palabras en su diario. Así se hará con una lista de juicios y de comparaciones pronunciadas por su voz interior sobre el mundo y sobre usted mismo.

Haga lo mismo con las preferencias. Advierta lo importante que usted y los demás creen que es manifestar una preferencia, lo fundamental que le parece decidir que prefiere esta marca de jabón a aquella, o este músico a aquel. Parece que su importancia va mucho más allá de permitirle simplemente elegir algo a la hora de comprar en la tienda. ¿En qué medida quiere usted convencer a los demás de que sus preferencias son universales, de que deben estar de acuerdo con usted porque usted tiene razón en su juicio? Pero ¿qué importancia tienen la mayoría de estas preferencias?

Advierta los casos en que las comparaciones son objetivas: «He engordado tres kilos». «Elizabeth mide diez centímetros más que Karen.» Advierta las que son opiniones personales que usted asume (sin que importe el grado en que los demás puedan estar de acuerdo con ellas): «Me gusta más Van Gogh que Rembrandt». Advierta las que son opiniones personales que usted se niega a asumir asegurando que son objetivas: «Van Gogh era mejor pintor que Rembrandt». Advierta todas las comparaciones personales que usted establece bajo la forma de afirmaciones tajantes sobre la naturaleza inherente de las cosas: «Soy estúpido». «Es un genio de las matemáticas.»

A base de observar el mar de comparaciones y de juicios de valor en el que vive inmerso, los verá como puras clasificaciones relativas que se inventa la gente. A veces pueden resultar útiles, pero no es preciso tomarlos tan en serio y dejar que sean ellas las que determinen quién o qué debemos amar. Comparar no es amar: no es más que un estorbo.

En vez de quitar vida a la vida con juicios del tipo *mejor* y *peor,* puede interpretar sencillamente las diferencias como diferencias y disfrutar de la variedad de las cosas. Puede hacerlo, incluso, cuando parece evidente que sus gustos y sus desagrados proceden de objetos que verdaderamente son mejores o peores, buenos o malos. Las diferencias sirven de perchas donde colgar nuestro amor. Ríndase ante las cualidades únicas de lo que tiene delante, y regocíjese con los rasgos que puede ofrecer, no observándolo a través de sus recuerdos de objetos semejantes en el pasado más que cuando eso favorece a su propósito de amar.

Práctica 33

APRECIE ALGO QUE DA POR SUPUESTO

Al mundo jamás le faltarán cosas asombrosas; pero sí le faltará capacidad de asombro.

G. K. CHESTERTON

En la música, en el mar, en una flor, en una hoja, en un acto de amabilidad... En todas esas cosas veo al que llaman Dios.

PABLO CASALS

¡Seré el ser más alegre bajo el sol!
Tocaré cien flores y no cortaré ninguna.

EDNA ST. VINCENT MILLAY

En esta práctica, usted ama intencionadamente a una persona, objeto o actividad que da por supuesta: algo que se siente seguro de que ya conoce a fondo, que no tiene mayor interés ni importancia para usted, que se ha quitado de la cabeza. Puede tratarse de algo que solo valore en un sentido, como, por ejemplo, una persona que solo está allí para pasarle las cartas a máquina. Puede que se trate de algún lugar donde ya haya estado, y que «ya sabe cómo es».

El desafío consiste en sentir, experimentar a fondo y apreciar lo que tiene delante, con las cualidades que tenga. Cuanto menos interesante resulte el objeto a primera vista, más creativo tendrá que ser usted para encontrar algo que apreciar, y más aprenderá en consecuencia de esta práctica.

Busque un objeto próximo a usted que dé por supuesto. Diríjale su atención y, durante cierto tiempo, comprométase a apreciarlo de todo corazón y de todas las maneras que pueda. Obsérvelo desde distintos puntos de vista, estudie el juego de luces y sombras, disfrute de su diseño o de su forma y de su contraste con el fondo, reflexione sobre su utilidad, su historia, sus componentes, de dónde proceden, y quién intervino para hacerlos llegar hasta aquí.

Haga lo mismo con una actividad o un trabajo que crea que no es más que una tarea que hay que terminar. ¿Se encuentra a sí mismo retraído porque no le parece bien dedicarse plenamente a este objeto o a esta actividad con entusiasmo y con alegría?

Si aplica esta práctica con regularidad, dejará de dar por supuestas las cosas de su vida, y en vez de ello las convertirá en partes del mundo extraordinario del que también usted forma parte. La palabra *ordinario* es una palabra de desprecio que se aplica a algo para relegarlo al montón de lo rechazado, donde se puede olvidar para siempre. Esta palabra de desprecio es peor que otras, porque cuando las personas la oyen asienten con la cabeza en vez de decirle a usted que se equivoca. La palabra *ordinario* dice algo acerca del que la pronuncia, y nada sobre el objeto al que se aplica.

A continuación, le presento un ejemplo de meditación sobre algo que es fácil dar por supuesto.

Apreciar una taza de té

> *Tomarse una taza de té es una cosa muy profunda.*
>
> KATAGIRI ROSHI

> *El sabio saborea todo el Tigris en cada trago.*
>
> GHALIB (MIRZA ASADULLAH BEG KHAN)

Pardo oscuro, tendiendo ligeramente al rojo bajo la superficie. Surgen penachos de vapor, y siento cómo me calientan el rostro. Tres pequeñas burbujas agrupadas en el borde, sin llegar a ser arrastradas por el remolino de la superficie. Algo que parece una pequeña mancha de aceite y el brillo de los reflejos de las luces del techo.

El aroma familiar que me recuerda a mis años en Inglaterra, cuando me calentaba a base de beber té, y a los decenios enteros de mañanas en las que empezaba mi jornada de esta manera. Me recuerda a Jane, que me dio a conocer esta marca de té en aquella velada mágica, hace tanto tiempo. Y a mi madre, que me preparaba té cuando tuve el sarampión, a los nueve o diez años, y que me sostenía cuidadosamente la taza en la boca para que no la derramase. Este té me vincula con incontables momentos de amor de mi pasado.

Este té empezó siendo unos brotes que crecían en arbustos en una isla del océano Índico, y allí fue cuidado y cosechado por trabajadores, cuyas imágenes puedo representarme y cuya cultura e idioma son ricos y fascinantes. Fue transportado en camión a un puerto, estibado en un barco, y navegó a través del océano Pacífico hasta llegar a Los Ángeles. De allí fue transportado en camión hasta una fábrica, donde fue mezclado, puesto en bolsitas, y las bolsitas en cajas. Hizo tres viajes más en camión, hasta que llegó a la tienda donde lo compré. Este té me vincula directamente con centenares de personas, e indirectamente con la totalidad de la vida.

El agua de esta taza ha existido desde que se formó la Tierra, hace unos cuatro mil quinientos millones de años. Una y otra vez, incontables veces, esta agua ha seguido el ciclo de evaporación, formación de nubes, lluvia o nieve, llenar los lagos, ríos, arroyos y campos de nieve, incorporarse a los organismos de las plantas y los animales, y volver siempre a los mares. En esta misma taza existen unas 200.000 moléculas de agua que estuvieron en un momento dado en el cuerpo de todos los seres humanos adultos que han existido. Billones de estas moléculas que bebo han residido en el cuerpo de cada persona en algún momento de su vida. Una parte de esta agua que entra en mi cuerpo ha pasado por los cuerpos de todas las plantas, todos los animales, todos los seres humanos que han vivido jamás. Este té me vincula físicamente con toda la vida.

La energía que calentó este té llegó a través de cables de metal conectados con una central térmica que funciona a base de quemar derivados del petróleo, que se extrajo de debajo de las arenas de un país que está en el otro extremo del mundo, se cargó en un petrolero y llegó navegando a California. La energía acumulada en ese petróleo llegó a la Tierra en forma de luz del Sol, fue atrapada hace millones de años por plantas y animales microscópicos, y quedó enterrada por fin bajo lo que hoy se llama Arabia Saudí, donde se conservó para calentar mi taza de té de la mañana tantos años después. Yo me caliento las manos con ese calor.

Cuando bebo el té, llevo a cabo un ritual de la humanidad que se remonta a más de un millón de años, hasta la época en que la gente dominó el fuego, vinculándome así con todos los hombres y mujeres que se han calentado con una bebida caliente. Ahora voy a saborearlo.

El amor condicionado

Siempre afirmamos con condiciones. Yo afirmo el mundo bajo la condición de que llegue a ser como me dijo Papá Noel que debía ser. Pero afirmarlo tal como es... eso es lo difícil.

JOSEPH CAMPBELL

Perfecto como el amplia espacio,
Al camino no le falta nada,
ni le sobra nada.

SENG TRAN, TERCER PATRIARCA DEL ZEN

Por pura costumbre, usted busca defectos en todo, y, por supuesto, los encuentra. Pero, dado que quiere amor, y que este objeto lo merece, y que no quiere renunciar a él, usted asigna algunas condiciones a su amor: «Te amaré si consigues un trabajo mejor». Ahora bien, con eso usted puede querer decir que seguirá dedicándole tiempo si ella consigue un trabajo mejor, pero también puede querer decir que reprimirá todo regocijo con ella hasta que encuentre un trabajo mejor pagado y con mayores responsabilidades.

Si es así, usted está retrasando el amor por medio del soborno. El amor incondicional no depende del futuro: supone responder a esto, aquí mismo, ahora mismo, tal como es. Da a su ser amado libertad de crecer, en vez de sobornarlo a base de retraer su amor hasta que él se desarrolle en el sentido que usted desea.

El amor condicionado es, en el mejor de los casos, un amor retrasado. Cada minuto que usted retrasa el amor es un minuto menos de amor en esta vida. Usted puede esperar y esperar a que llegue «el adecuado», y este no llega nunca. O, cuando llega, usted ha impuesto alguna otra condición. No *es esto* y *esto es* son planteamientos autoconfirmadores de lo que tenemos delante. Si usted está esperando que la vida le *haga* reaccionar con amor, sepa que la vida es *esto*. ¡Esto! Es esto o nada, ahora o nunca.

Amar jamás puede ser un error, traiga lo que traiga el futuro. Suponga que usted se queda admirado ante un cuadro y alguien le dice que lo pintó un niño en el jardín de infancia. Tiene ante usted dos posibilidades: sentirse estúpido o sentirse orgulloso por haberse conmovido tanto por la obra de un niño. Si tiene miedo de cometer un error, retrasará el amor hacia todo hasta que su juicio pueda ser ratificado por el futuro o por un equipo de expertos.

Amar no es como inspeccionar jamones y sellarlos con tinta, muertos de miedo de que alguien se dé cuenta de que hemos puesto el sello de «primera» a un jamón que verdaderamente es de segunda categoría. Si usted confunde lo que es clasificar los jamones con lo que es amarlos, cerrará su corazón por miedo a que lo engañen.

No se trata de pasar por alto los defectos ni de dar a entender que no existen. Se trata, simplemente, de que no es preciso reaccionar de manera exagerada cuando se advierte el defecto: «Yo quería amar esto... estaba preparado para amarlo. Pero ahora no cumple este requisito fundamental para estar a la altura que debiera, para ser lo que todo el mundo sabe que debería ser». Es evidente que el defecto está allí; usted no puede negarlo ni pasarlo por alto.

Todo lo que reciba jamás le llegará en una vasija defectuosa. Todas las vasijas son defectuosas. Esa dice demasiadas palabrotas, aquella gana demasiado poco, esa de allí tiene un lunar en la mejilla, y esa de más allá se ríe demasiado fuerte. Toda bendición, toda lección, llega en una vasija defectuosa. Usted puede centrarse en el contenido de la vasija o en el defecto. Si no le gusta el papel que desempeña alguna persona en su vida, verá en ella un defecto. Si se centra en dicho defecto, si se pierde en juicios de valor, no le queda ninguna manera de amarlo ni de aprender de él. Allí está él, glorioso a pesar de su defecto, y aquí está usted, murmurando sobre lo terrible que es que haga lo que hace. Así, usted derrocha sus bendiciones.

Práctica 34

¿QUÉ CONDICIONES HA PUESTO AL AMOR?

Todo lo que ha hecho Dios tiene alguna grieta.

RALPH WALDO EMERSON

El Camino Perfecto solo es difícil para los que escogen y eligen.

SENG TSAN, TERCER PATRIARCA DEL ZEN

Esta práctica dejará claras las condiciones que ha puesto usted al amor. Cuando vea en qué consisten, quedará libre para dedicarse a cumplir algunas de ellas y para amar a pesar de que otras no se cumplen.

Apunte en su cuaderno algunas tareas, actividades, objetos, lugares y personas con los que tiene alguna vez experiencias negativas. Para cada uno de ellos escriba una frase que empiece con las palabras: «Podría amar ______ si ______», y termínela con las condiciones que le vengan a la cabeza. «Podría amar la vista desde mi ventana si el césped estuviera segado y si no hubiera dientes de león y si podara el sauce.»

Examine cada condición para determinar si está en sus manos cumplirla, y lo difícil que sería. Para algunos de los elementos de la lista, haga lo necesario para cumplir las condiciones y estime el resultado. ¿Ama usted verdaderamente el resultado cuando se cumplen las condiciones? ¿O se le ocurren condiciones nuevas, o se encuentra con algún otro bloqueo para amar? ¿Está usted *dispuesto* a amar este objeto, o está recurriendo a las condiciones para mantener a raya el sí de todo corazón?

Práctica 35

AMAR SIN CONDICIONES

Cuando miras algo, ves la esencia de las cosas, pero te imaginas que ves una nube o un árbol.

SRI NISARGADATTA MAHARAJ

Esta es la práctica del amor sin condiciones. Elija un elemento de la lista que preparó en la práctica 34. Imagínese que sabe que *puede* amar ese objeto ahora mismo, con solo proponérselo. Las condiciones que ha anotado no son más que defectos de una vasija que contiene una bendición. Usted ya ha prestado demasiada atención a esos defectos.

Visualícese a sí mismo la próxima vez que se acerque a ese objeto, dispuesto a ver más allá de sus defectos, de valorar y disfrutar de sus demás rasgos. Lleve la visualización hasta un final satisfactorio. La visualización es un buen medio para practicar por adelantado una actividad que, de otra manera, podría verse dominada por sus viejos hábitos.

Después, cuando vuelva a encontrarse con el objeto, ámelo a pesar de sus defectos. Contiene un don: la oportunidad que tiene usted de amarlo y de aprender así a amar. No es más que un desafío de amor, entre una serie inacabable de tales desafíos. Cada uno tiene sus propios rasgos, de modo que las características concretas de su amor serán diferentes con cada uno. Le han enseñado que ama porque los rasgos le parecen lo bastante buenos, pero la causa del amor siempre es el modo amoroso en que usted se acerca al objeto.

Prepárese *ratos de aceptación* a lo largo del día; en esos ratos, advierta cuáles son los elementos de la vida que no cumplen sus condiciones para el amor, y acéptelos deliberadamente, en vez de resistirse a ellos. Con el tiempo, conviértalos en ratos de amor, en los que decide amar cualquier cosa que esté en su vida en ese momento.

Tener expectativas

La mayoría de nosotros pasamos por la vida sin saber lo que queremos, pero sabiendo muy bien que no es esto.

ANÓNIMO

Es fácil interpretar que lo que se quiere es algo que se debe poseer. Cuando exigimos para amar alguna cosa que esté a la altura de los principios en que basamos nuestros juicios, estamos viviendo en nuestras imágenes, y no en la realidad. Como la realidad nunca está a la altura de nuestras imágenes, nos centramos únicamente en las diferencias.

Podemos regocijarnos con alguien o exigir de él que se ajuste a nuestras imágenes, pero no podemos hacer ambas cosas a la vez. Si nos mantenemos fieles a nuestras imágenes, tendremos la impresión de que tenemos razón, y la gente puede estar de acuerdo y darnos la razón. Así, podemos ser capaces de manipular a la gente, de cambiarla, de combatirla, de murmurar sobre ella, de quitarle la razón y de crear todo tipo de melodramas sobre ella. Pero no seremos capaces de amarlos, porque no queda nada más que el abismo entre lo que exigimos de ellos y lo que ellos ofrecen.

En cuanto exigimos algo, lo perdemos. Si usted espera recibir 1.000 dólares y recibe 1.000 dólares, siente que ha recibido lo que se le debía. Si recibe 1.050 dólares, solo ha recibido 50 dólares más de lo que se le debía, y si recibe 950 dólares, siente que le han quitado 50. Pero si no espera nada y recibe 1.000 dólares, puede disfrutar de cada centavo.

Si vive en un mundo de expectativas, vivirá en un mundo de desilusiones. Lleno de dolor por las desilusiones constantes, caerá en el pesimismo intentando protegerse del dolor futuro. Así, se cerrará a actividades en las que podía regocijarse, y a la gente que podría hacerle compañía.

Todo el mundo es digno de ser amado, pero nadie tiene derecho a exigir ser amado. El amor es un don del universo que ofrecen los individuos. Dé gracias de que puede desempeñar su papel en la misión de derramar energía de amor sobre las personas y los objetos que lo rodean. No puede existir una vocación más elevada.

Práctica 36

PONGA POR ESCRITO SUS EXIGENCIAS, Y RENUNCIE A ELLAS

Escribe todas tus exigencias adictivas, y míralas como un todo. Tu mente no renunciará a una adicción a una preferencia si no quieres sinceramente renunciar a la adicción. No puedes engañar a tu mente. Tienes que querer renunciar de verdad: no basta con querer querer renunciar.

KEN KEYES, HIJO

En esta práctica, usted trabaja para eliminar el poder de las expectativas que afecta a su amor. Elija a una persona, un animal doméstico o cualquier objeto de amor posible o verdadero. Ponga por escrito todas sus expectativas sobre ese objeto, tanto las que cumple como las que no cumple. Después, visualícelo en situación de no haber cumplido una o varias de sus expectativas, y sienta su ira, su acusación, su no de corazón. (Por ejemplo, su gato acaba de matar un pájaro.) Después, visualícese a sí mismo completamente cautivado por lo maravilloso y lo digno de amor que es, y disfrute de su sí poderoso. Más tarde, tome otra exigencia y visualícelo no cumpliéndola. (Ahora, el gato ha ensuciado la alfombra.) Vuelva a revestirse de sus sentimientos negativos, con toda la fuerza que pueda. Luego, vuelva a la estima y al amor. Después, vuelva de nuevo a una exigencia no cumplida. (Ahora se está afilando las uñas en el sofá.) Y así sucesivamente.

Esta práctica desarrollará en usted la costumbre de reaccionar por *decisión propia,* y no como reacción automática en función de las exigencias cumplidas o incumplidas. Siempre dispondrá de un momento, antes de reaccionar, para decidir qué es lo que quiere hacer. Una de las decisiones posibles, sin que tenga nada que ver lo que ha sucedido y las medidas que tome usted en consecuencia, es la de permanecer abierto en un sí (no a una conducta como la de arañar el sofá, sino al gato). Cuando su gato (o, quizá, su hijo) viola algún principio y usted se pregunta a sí mismo: «¿Cómo puedo amar a alguien que hace eso?», sepa que la respuesta es sencilla: «Es muy fácil. Puedo amarlo fácilmente si me limito a mirar lo que tiene digno de amor».

La creencia en la escasez

Veo a Dios en los rostros de los hombres y de las mujeres,
y en mi propio rostro en el espejo,
encuentro cartas de Dios rodando por la calle, y todas están firmadas con el nombre de Dios,
y las dejo donde están, porque sé que [...]
llegarán puntualmente otras, por siempre jamás.

WALT WHITMAN

Cuando usted juzga, compara, y promete amar solo cuando se cumplen sus condiciones, es fácil que se produzca una escasez de personas dignas de amor. Si usted no estima a nadie a no ser que pertenezca al 5 por 100 superior de la población en inteligencia, belleza, forma física y encanto, entonces ha descartado a casi todo el mundo. Si llega a encontrar alguna vez a una persona que cumpla sus requisitos, es casi seguro que pertenezca a una religión que a usted no le convenga, o que tenga algún hábito que usted no soporta, o que ya esté comprometida para casarse, o que usted no le guste. Puede pasarse toda la vida buscando a una persona que cumpla sus requisitos, a una persona digna de su amor, y no encontrarla jamás. ¡Qué frustración haber nacido en un mundo con tan pocas personas dignas de amor!

Pero lo digno de amor no es escaso: está en todas partes. Todo lo que tocamos es digno de amor. Existen enormes excedentes, miles de cosas que hacer, ver, oler y gustar; un millón de personas maravillosas para contemplarlas, relacionarse con ellas, hablar con ellas, hacer cosas por ellas, y regocijarse con ellas; ideas con las que jugar, habilidades que aprender, cuadros que pintar, canciones que cantar, césped que segar, poesías que escribir, comida que cocinar y platos que fregar. Cada una de estas cosas es una nueva invitación a amar entre otras incontables.

Si usted se dirige a su amigo movido por la escasez, él sospechará que lo ha elegido a él porque fue el primero que estuvo dispuesto a aceptarlo y el único que usted creyó que podía conseguir. Si lo ama movido por la abundancia, sabrá que usted disfruta de él lo suficiente como para no dejar de preferir estar con él; que puede encontrar a incontables personas a las que amar, pero que cuando están juntos él y usted, usted lo honra eligiéndolo a él. Al elegir entre los excedentes se ama con libertad. El resultado no es la ambivalencia ni el resentimiento, sino la alegría.

Ver un mundo en un grano de arena,
y un cielo en una flor silvestre,
tener el infinito en la palma de la mano
y la eternidad en una hora.

WILLIAM BLAKE

6

Hábitos que bloquean el amor

Crecemos sin discutir lo que no discuten los que nos rodean.

MARGARET MEAD

EN este capítulo examinamos algunos hábitos comunes que parecen naturales, casi inevitables incluso, pero que bloquean el amor. Podemos trabajar para romper esos hábitos y vivir así con más amor. Romper un hábito no quiere decir renunciar a esa conducta. Por el contrario, quiere decir ser libres de elegir esa conducta cuando sirve para nuestro propósito; así seremos nosotros los que controlaremos nuestras vidas, y no nuestros hábitos.

El hábito de decir no

El que sigue el camino no encuentra defectos en el mundo. Ver los defectos de los demás es reforzar los defectos propios.

HUI NENG, SEXTO PATRIARCA DEL ZEN

No riñas al amante. Su manera «equivocada» de hablar es mejor que cien maneras «correctas» de otros.

RUMI

Es fácil permitir que nuestra orientación momentánea quede cautivada por antiguos hábitos de decir no; es fácil murmurar, murmurar, gruñir y protestar. Si miramos cualquier cosa a través de un filtro de buscar defectos, encontraremos muchos defectos. Si nos quejamos delante de todo el mundo que quiera oírnos de lo mal que están las cosas, encontraremos a muchas personas que estén de acuerdo con nosotros. Mire al jardín y contemple únicamente las malas hierbas: desaparecerán el césped, las flores e incluso los árboles. ¡Pero verá muchas malas hierbas!

¿Qué quiere ver: césped o malas hierbas? Esta decisión siempre está allí, para ser tomada, y nunca podrá tomarla de una vez por todas. ¿Está dispuesto a designar a *esta* persona como la adecuada para amarla, a *esta* casa como la adecuada para amarla, a *este* trabajo como el adecuado... de momento? Esto no quiere decir que prefiera tener el jardín lleno de malas hierbas, ni que deje de trabajar para arrancarlas. Tampoco quiere decir que no sea capaz de diferenciar el césped de la grama. Quiere decir, simplemente, que el mundo es como es, con sus malas hierbas, y el modo en que usted lo viva depende de usted. Bien puede amarlo, sin que importe si decide arrancar o no las malas hierbas.

La postura del *no* es con los brazos cruzados y emitiendo un juicio de valor; y su veredicto le parece fundamental. Pero al decir que no, usted se rodea de un muro. Los *síes* abren paso al mundo. Los *noes* lo dejan fuera, se defienden ante él. Puede que usted se sienta más seguro dejando a las demás personas y objetos y a la vida en general al otro lado del muro. Su mundo será familiar y sin imprevistos, pero no tendrá mucho amor.

Práctica 37

REPÍTASE INTERNAMENTE EL SÍ

La gran pregunta es si vamos a ser capaces de asentir de corazón a nuestra aventura.

JOSEPH CAMBELL

Nuestra máquina de pensar tiene la capacidad de dejarse convencer de lo que sea, siempre que se repita con la frecuencia suficiente y de una manera lo suficientemente convincente.

GEORGE GURDJIEFF

En esta práctica, usted interrumpe su hábito de decir no antes de que se ponga en marcha, a base de abordar la vida diciendo internamente «sí» en vez de «no». Limítese a sustituir su voz mental repitiendo internamente un «sí». Haga que su sí dirija a su corazón, en vez de ser un cántico sin sentido. ¿Con cuánta fuerza puede aprovechar usted este recuerdo interior para evocar su actitud al acercarse al mundo? Usted no se derretirá por hacer esto, ni se aprovecharán de usted por ello. Su «sí» no es un acuerdo, una preferencia ni una contemporización, sino una apertura positiva hacia su mundo.

Intente decir «no» en vez de «sí», simplemente como aprendizaje, no para reforzar un hábito. ¿En qué medida afecta esto a su experiencia? ¿Le hace sentirse más poderoso o menos? ¿Siente que controla más la situación, o se siente rendido? ¿Se siente más acertado, o más equivocado? ¿Se cierra y se reduce su experiencia total? ¿Qué efecto tiene sobre su ego?

Práctica 38

APRECIE LO QUE LE DESAGRADA

La diferencia fundamental entre un hombre corriente y un guerrero es que el guerrero lo toma todo como un desafío, mientras que el hombre corriente lo toma todo como una bendición o como una maldición.

DON JUAN (CARLOS CASTANEDA)

Esta práctica profundizará su conciencia de los elementos de la vida hacia los que usted suele dirigir un fuerte «no». Le ayudará a prepararse por adelantado para la próxima vez que se encuentre con alguna, para que sea capaz de apreciar lo que se puede apreciar, en vez de quedarse atrapado por su hábito de decir «no».

Prepare una lista de personas, animales, lugares, comidas, música, actividades y otros objetos que no le suelen gustar. A continuación, repase la lista y pregúntese, observando cada elemento, qué es lo que tiene ese elemento que pudiera apreciar alguna persona. Pregúntese si está dispuesto a renunciar a su costumbre habitual de encontrar defectos la próxima vez que se encuentre con ese elemento, y vea con cuánta fuerza puede usted apreciarlo. Ensaye por adelantado cómo puede ser su próximo encuentro con el elemento, y visualícese a sí mismo acercándose a él con la decisión de hacer uso de toda su creatividad e ingenio para reaccionar ante él con un «sí».

Después, cuando se acerque al elemento, puede liberarse de su viejo hábito y elegir en cambio la conducta positiva que ha ensayado. Acepte el desafío de amar lo que no es merecedor de amor, y descubra la riqueza de esta experiencia y cuánto puede aprender usted de ella.

Práctica 39

ASUMA LA RESPONSABILIDAD DE SUS DECISIONES

Me he pasado la vida encordando y afinando mi instrumento, y no he llegado a cantar la canción que había venido a cantar.

RABINDRANATH TAGORE

Las decisiones son de dos tipos. Se puede decidir lo que se quiere hacer y ponerse a buscarlo, o se puede advertir lo que se está haciendo y decidirse por ello.

TOM JACKSON

Algunas veces oirá decir a una voz interior: «No quiero estar aquí; no quiero estar haciendo esto». Es la voz de autocompasión de la víctima: «Oh, ¡ojalá estuviera en alguna parte haciendo otra cosa!». Eso forma parte de un no de corazón.

Pero en realidad usted debe de tener otras voces que le digan que debe estar aquí y haciendo esto; de lo contrario, no lo estaría haciendo. Vive en la población en la que vive por decisión propia; tiene el trabajo que tiene por decisión propia; mantiene sus relaciones personales por decisión propia. Si, por ejemplo, a usted le repugnan sus relaciones con alguna persona, puede abandonarlas y aceptar las consecuencias de esa decisión, o puede mantenerlas y convertirlas en una experiencia positiva.

Esta práctica lo desafía a usted, cuando se está quejando a sí mismo o a otra persona, a tomar medidas sobre el problema, o bien a dejar de quejarse y empezar a estimar. Consiste en decir, pensar o leer las palabras siguientes, mientras se absorbe profundamente su verdad:

Tal como se me ha dado mi experiencia de mí mismo
y mi percepción del mundo,
de todos los lugares del mundo donde podría estar,
de todas las cosas que podría hacer,
he decidido estar aquí y estar haciendo esto.

Esta afirmación debe ser cierta siempre, en todo momento. No niega que las circunstancias puedan limitar nuestra libertad. Por supuesto, a veces decidimos ir a trabajar porque queremos ganarnos la vida, o ir al dentista para conservar una dentadura sana. Pero la afirmación desvía nuestra atención desde estas limitaciones hasta nuestro propio conjunto de decisiones dentro de ellas.

Práctica 40

LLEVE EL AMOR EN SU CUERPO

Sonreíos los unos a los otros; sonría a su esposa; sonría a su marido; sonría a sus hijos; sonreíos los unos a los otros (sin que importe quiénes son los otros), y eso os ayudará a crecer con más amor hacia los demás.

MADRE TERESA

—¿Cómo estás?
—Bien.
—Pues parece que tu cara no se ha enterado.

LEO BUSCAGLIA

A lo largo de toda una vida se puede aprender a llevar mucho «no» en el cuerpo. Como nuestro cuerpo influye sobre nuestra experiencia, creamos un círculo vicioso que refuerza lo negativo. En esta práctica, usted rompe ese círculo vicioso por medio de su cuerpo, introduciendo así una influencia positiva en sus actos y en su experiencia.

Sin moverse, advierta cuidadosamente cómo se siente su cara: los pequeños músculos, su tensión y su tono. Concéntrese en su frente, en los músculos que rodean sus ojos y su boca. A continuación, paso a paso, suavice su cara. Es decir, sienta que se relajan esos músculos y su boca adopta una sonrisa natural. Relaje la lengua y las mejillas. Si tiene a mano un espejo, es interesante que observe lo que sucede. Relaje las manos y los dedos, de modo que tengan el tono muscular indispensable para moverse con elegancia. Relaje todas las demás partes de su cuerpo que note tensas. Y, muy importante, relaje su respiración: respire un poco más profundamente que de costumbre y, al espirar, propóngase relajarse plenamente, dejando que toda la tensión se expulse con el aliento. Por último, ya esté sentado, de pie o tumbado, sienta que su cuerpo está en equilibrio, en armonía, tranquilo y positivo.

Esta práctica asienta el amor muy dentro de su cuerpo, de modo que usted ama a fondo, y no solo en la superficie. Los músicos, los mecanógrafos, los artistas y otras personas que se dedican a trabajos manuales de precisión suelen quedarse asombrados de la cantidad de negatividad que llevan en las manos y en el cuerpo cuando se aproximan a su medio de expresión principal. Realice esta práctica siempre que se le ocurra: cuando piense o se plantee una actividad o una persona no amada, y cuando visualice o realice cualquier actividad amada.

El hábito de etiquetar las experiencias con palabras

El que sabe no habla; el que habla no sabe.

LAO TSE

¿Qué significa saber los nombres de las cosas si no se conocen sus naturalezas?

BENJAMIN FRANKLIN

El lenguaje, uno de los inventos más útiles de la humanidad, cobra peaje al amor por culpa de la costumbre de etiquetar las experiencias con palabras. Para encontrar una palabra que nos sirva para describir alguna cosa, no podemos quedarnos admirados ante ella, sino que comparamos sus características con las de otras experiencias anteriores cuyas características han recibido nombre en nuestro idioma. Nuestro idioma limita los esquemas que podemos vivir al conjunto de los que tienen nombre en su vocabulario. Hace mucho tiempo, la gente identificó y etiquetó todos los esquemas que una persona puede vivir en nuestra cultura. Cuando llegamos nosotros, lo único que nos quedaba por hacer para interpretar la vida era aprendernos los esquemas y las palabras que los representaban. Así, aprendimos a ser humanos.

Cuando asignamos una etiqueta a un esquema, nos da la impresión de que lo comprendemos; ya no es más que un nuevo objeto que se ciñe a ese esquema. Una niña pequeña está jugando cerca de su padre, junto al estanque. Toma una flor amarilla y brillante y la levanta al sol, que la convierte en una pequeña réplica de sí mismo. Se queda perdida de asombro por el color, la forma, la textura, el olor. Después, quiere *saber* lo que tiene delante, y corre hasta su padre y le dice: «¿Qué es esto, papá?». «¿Eso? Vaya, eso no es más que un diente de león.» Ella lo tira al suelo con un «Oh» apagado; tira al polvo el pequeño sol ardiente, los pétalos blandos y acariciantes, el fruto alegre de una tierra fértil. Ahora ya sabe lo que es: no es más que un diente de león.

Usted ha vivido ocasiones en las que se desconectó su proceso interior de etiquetado. Quizá estuviera en juego su supervivencia y la voz no tuviera tiempo de entrar en calor, o quizá se encontrase con un hecho nuevo o especialmente conmovedor. Puede que suspire por esos momentos y que prepare ratos de ocio y viajes de vacaciones para crear otros nuevos, sin darse cuenta de que puede provocarlos en cualquier momento aprendiendo a detener el proceso de etiquetado.

Las etiquetas dividen las experiencias en partes, separan una cosa de otra y nos separan a nosotros del todo. Definir palabras es establecer límites. Las etiquetas ponen todo en un montón o en otro. Cuando se pone una experiencia en un montón, se parece a todo lo demás de ese montón. Para que dos hechos se perciban como diferentes, tienen que diferenciarse entre sí lo suficiente como para que reciban etiquetas diferentes. No existen gradaciones ni sutilezas, ni nada nuevo ni maravilloso. Arrojamos la experiencia al centro del montón al que más se aproxime, de modo que será como todo lo demás que esté etiquetado con esa palabra. Es difícil dar un sí de todo corazón a un nuevo jardín lleno de césped. Pero si podemos llegar más allá de la etiqueta, podríamos arrodillarnos llenos de admiración ante una sola hoja de hierba.

No advertimos lo que no tiene nombre para nosotros. Por ejemplo, vemos algo más que rostros de personas porque disponemos de palabras como *mejilla* y *barbilla.* Sucede con demasiada frecuencia que lo que tiene significado son las categorías, las palabras, los conceptos que reflejan la aceptación de las personas. Pero las palabras no son la realidad; la realidad es esta flor amarilla que tenemos delante.

Práctica 41

CONTRASTE DE EXPERIENCIAS CON Y SIN ETIQUETAS

Una etiqueta es un instrumento para clasificar experiencias, para poner las cosas en casilleros. Pero en el mundo real no existen los casilleros.

LAURA HUXLEY

¿Dónde puedo encontrar a un hombre que haya olvidado las palabras, para charlar con él?

CHUANG TZU

En realidad, muchas personas experimentan muy pocas cosas; en vez de ello, viven en una confusión de charla mental que las distrae de todo lo que tienen delante. Esta práctica es una ampliación de la práctica 20, «Observar sin interpretar». Usted contrasta los elementos de las experiencias con y sin las palabras que las etiquetan. Al cabo del tiempo, esto le permitirá hacer uso de las palabras únicamente cuando así lo desee para pensar, comunicarse y profundizar sus experiencias.

Elija una actividad de la que disfrute especialmente, como comerse un helado. Dedique algunos minutos a describir esa experiencia haciendo uso de las palabras. A continuación, con los ojos cerrados, imagine que se come un helado entero de su sabor favorito. ¿Cómo fue?

Después, cómase uno de verdad, sin que intervengan las palabras ni los recuerdos. Viva la experiencia inmediata, haciendo uso de todos sus sentidos, desde el momento en que lo toma con la mano hasta que se le disipa el último resto de sabor y solo le queda un resplandor frío desde la lengua hasta el estómago.

Realice algunas de las prácticas de percepción del capítulo 4 mientras se niega con insistencia a poner una etiqueta verbal a cualquier cosa que experimente. Escuche el canto del insecto sin decir «grillo». Contemple el cielo sin decir «nube». Advierta lo fácil o difícil que es hacer esto. ¿Anhela usted poseer una etiqueta para cada experiencia nueva? ¿Es usted capaz de escuchar la música de la radio sin poner una etiqueta a la obra musical, a los instrumentos, a la orquesta, al compositor? ¿Es usted capaz de escucharla para disfrutarla, o debe encajarla en un casillero? ¿Existe alguna palabra que termina por salir a la luz y apoderarse de la experiencia? «Sí, eso es lo que es: un concierto de Bach.» Cuando usted la ha etiquetado, ¿de qué manera afecta esa etiqueta a lo que oye?

El hábito de desear

No es costumbre amar lo que se tiene.

ANATOLE FRANCE

El secreto aguarda a la visión de los ojos no cegados por el deseo.

LAO TSE

Cuando deseamos, nos imaginamos hechos agradables en el futuro y proyectamos un sí poderoso de esperanza y de expectativa ante ellos. En vista de que lo que queremos es algo que no poseemos, podemos imaginárnoslo más dulce que lo que tenemos. La maravillosa experiencia de lo que no alcanzamos nos espera en un futuro en el que acabaremos por alcanzar el objeto de nuestro amor hermoseado. Pero, sin duda, a usted le resultará familiar la experiencia de alcanzar por lo menos alguna cosa que deseaba ardientemente, para descubrir que la experiencia era mucho menos positiva que sus fantasías.

El deseo no es amor. Con el deseo, nos saltamos con la vista lo que podemos amar ahora mismo. Vivir el deseo, en vez del amor, es una manera de dejar para mañana el amor, y, por lo tanto, de decir «no» al amor ahora mismo. El hábito nos impide tener que enfrentarnos al hecho evidente de que todo el amor que vayamos a vivir en nuestras vidas deberemos vivirlo en algún momento del ahora.

Pero ¡es poderosa la experiencia de quedarse prendado de un ser amado que solo tenemos delante en nuestras fantasías! De hecho, han existido periodos históricos, representados por las leyendas del ciclo del rey Arturo, cuando las personas limitaban el sentido de la palabra amor de modo que no representaba más que el deseo, y no la satisfacción de ese deseo. No se atrevían a satisfacer su amor porque estaban seguros de que destruiría su pasión, las emociones fuertes y apremiantes que ellos consideraban más importantes.

Cuando usted alcanza un objeto deseado, desaparece el desafío de alcanzarlo y se enfrenta con el de apreciarlo. Es un desafío diferente, y al que puede que no esté acostumbrado. Por eso, es posible que se sienta desilusionado y que llegue a la conclusión de que deseó un objeto equivocado, de que ya es hora de desear alguna otra cosa. O puede volverse cínico y llegar a la conclusión de que la satisfacción es imposible y la desilusión inevitable.

Práctica 42

EXPLORE SUS DESEOS

Escucha el deseo como escuchas el viento entre los árboles.

J. KRISHNAMURTI

La mente ve una ilusión maravillosa; piensa en ella; la desea; no sueña más que con ella; su anhelo de más y más es inacabable.

SAI BABA

Anote en su diario una lista de los objetos o de los sucesos que recuerde haber deseado intensamente en su vida. Para cada elemento, recuerde cómo se sintió cuando se aproximaba el momento en que lo iba a alcanzar y cuando llegó por fin ese momento, o cuando se dio cuenta de que jamás lo alcanzaría. Con los objetos que consiguió, ¿qué beneficios extrajo de ellos? ¿Con cuánta profundidad pudo apreciar o regocijarse del elemento que tanto quería? ¿Qué habilidades de amor pudo aplicar cuando convirtió su deseo en alegría? ¿Qué habilidades de amor le faltaban cuando no consiguió convertir su deseo en la alegría que esperaba?

Prepare una lista de los grandes deseos que tiene ahora: no solo de los elementos que cree que le gustaría tener, sino de aquellos que suscitan en usted un deseo tan poderoso que lo arrastran del momento presente y lo llevan al futuro. En cada caso, ¿está usted dispuesto a hacer lo que pueda para conseguir el artículo, a dejar en manos del futuro que este se lo entregue o no, y a dedicar su vida a apreciar lo que tiene en ella, en vez de vivir en el futuro?

Práctica 43

CELEBRE ALGO AHORA MISMO

¿Quién es rico? El que se alegra de lo que tiene.

TALMUD

La Tora se entrega al hombre para que pueda celebrar la vida y todo lo que conforma la vida como una fuente de celebración.

REBBE AVRAHIM KALISKER

Para experimentar satisfacción, deje de desear y preste atención a lo que tiene ahora mismo. La celebración es una experiencia de calentamiento del corazón que rompe el hábito de desear, porque es necesario estar en presencia de lo que celebramos. Aunque estemos celebrando un hecho pasado, tenemos que recrearlo en nuestra mente para celebrarlo. ¡Cada vez que se encuentre perdido en fantasías sobre lo maravillosa que sería la vida con solo que cierta circunstancia fuera diferente o si tuviera algo que desea, es momento de celebrar algo!

Decida que va a celebrar alguna cosa: ahora mismo, hoy, o, como mínimo, en esta semana. Pregúntese a sí mismo: «¿Qué hay en mi vida digno de ser celebrado?». Siga planteándose la pregunta hasta que dé con una respuesta. Si no se le ocurre ninguna respuesta, es que está buscando algo demasiado sensacional. Prepare una lista de sus bendiciones y celebre alguna de ellas. Si no se le ocurre ninguna, prepare una lista de las cosas que echaría de menos si se las quitaran, y celebre alguna de ellas.

¿Cómo la celebrará? ¿Con otras personas? ¿A quién comunicará su celebración? Puede invitar a gente a un acto de celebración sin saber todavía qué es lo que va a celebrar. La atmósfera de las celebraciones es contagiosa, y las personas están dispuestas a ayudar a crearla aunque no sea por ningún motivo más que porque luce el sol, o porque llueve, como usted prefiera.

Los deseos, como las preferencias, no son *malos;* motivan nuestras decisiones y nuestros compromisos. Para participar en la vida plenamente y con entusiasmo, ponga algo de pasión en sus deseos. Pero equilibre cuidadosamente el interés profundo por la fruta venidera con el regocijo por la flor que ya tiene delante. Siempre tiene flores delante, en cualquier circunstancia. Puede que jamás llegue la fruta, pero eso no le impide amar profundamente.

Puede que se niegue a poner pasión en un deseo porque tema que no lo alcance y no quiere sufrir el dolor de la desilusión. Pero la desilusión no es más negativa que lo que usted la hace. Al alcanzar un deseo resulta fácil llegar a la conclusión de que *debemos* alcanzar otro. Cuando sepa que llenará su vida de amor incluso sin alcanzar su deseo actual, la posibilidad de la desilusión no le parecerá tan tremenda.

Los deseos débiles pueden conducir a una vida ambigua, a una existencia plana y aburrida en la que parece que todo nos da igual. Para conseguir dar utilidad, pasión y orientación a su vida, arrójese a alguno de sus deseos. Pero, para evitar caer en la trampa de los deseos, llévelos a la ligera, sin dramatizar lo maravillosa que sería la vida si los alcanzase, o lo terrible que sería en caso contrario.

Práctica 44

DESACELERE Y ENTRE PROFUNDAMENTE EN UNA ÚNICA EXPERIENCIA

En realidad, estamos devorando nuestras vidas: nos estamos tragando experiencias sin masticarlas, tan deprisa como podemos, porque la conciencia de nuestra propia existencia es tan superficial y tan estrecha que nada nos parece más aburrido que, simplemente, ser.

ALAN WATTS

Cuando quieres lo que consigues, siempre tienes lo que quieres, porque siempre tienes lo que has conseguido.

CENTRO DE ZEN MOUNTAIN VIEW

Advierta las ocasiones en las que suele pasar de un objeto o actividad deseada a otro, de un estímulo a otro, tragándoselas sin masticar. Pregúntese a sí mismo qué es lo que le falta y que no encuentra al saltar de deseo en deseo. Una visita al zoológico puede ser un ejemplo: usted corre de una jaula a otra deseando no perderse nada. La próxima vez, deje de correr y preste atención a solo un objeto o actividad. Pase dos horas contemplando a los mapaches. ¿Cuánto puede aprender sobre ellos? ¿Cuánto puede simpatizar con ellos, regocijarse con ellos, sentirse uno con ellos, divertirse con ellos?

Pregúntese a sí mismo si sus propios logros son saltos de un deseo al siguiente. En cuanto alcanza alguna meta deseada, ¿la da por supuesta y no se detiene a felicitarse a sí mismo y a apreciar lo que ha logrado, sino que se apresura inmediatamente a alcanzar el elemento siguiente de su lista de deseos? ¿Es la consecuencia un ansia de logros y una falta de satisfación y de alegría de vivir? Si es así, vuelva a profundizar en un logro determinado, preste atención a los matices de lo que ha hecho o está haciendo, aprecíelo, celébrelo.

La exigencia de propiedad

El que lo fuerza, lo estropea. El que lo agarra, lo pierde.

LAO TSE

En nuestra sociedad adquisitiva, las personas identifican el amor con la propiedad. Poseer algún objeto quiere decir que está en nuestra presencia durante cierto tiempo, y que la sociedad nos permite tomar decisiones sobre dicho objeto. Las sociedades establecen reglas de propiedad para que la gente no discuta sobre qué es lo que puede hacer cada uno.

Pero usted sabe, muy dentro de sí, que no posee nada. Puede ser el custodio de muchas cosas, un guardián durante cierto tiempo, pero en cualquier momento pueden arrancarle lo que ama. No puede tener seguridad al poseer o al aferrarse a lo que ama. De hecho, aferrarse al ser amado manifiesta e incrementa su miedo a perderlo. La seguridad no viene de aferrarse a los objetos amados, sino de ser capaces de convertir en objeto amado cualquier cosa que nos encontremos.

Práctica 45

¿QUÉ POSEE USTED REALMENTE?

La situación del alma en contemplación se parece a la de Adán y Eva en el Paraíso. Todo es tuyo, pero con una condición infinitamente importante: que todo te ha sido dado. No hay nada que puedas exigir, nada que puedas reclamar, nada que puedas tomar. En cuanto intentas tomar algo como si fuera tuyo, pierdes tu Edén.

THOMAS MERTON

En esta práctica, usted explora el concepto de propiedad, investigando lo que se dice a sí mismo que posee y lo que quiere decir esa propiedad. Le ayudará a evitar aferrarse o agarrarse a los objetos amados, y lo conducirá a una mayor apreciación, respeto y admiración por los muchos que ya tiene presentes en su vida.

Prepare una lista de los tipos de objetos que posee. ¿Qué quiere decir esa propiedad? Es decir, ¿qué hay dentro de una relación que le permita a usted decir que posee una cosa? Para cada elemento de la lista, pregúntese si tiene la libertad de hacer lo que quiera con el objeto. Pregúntese si seguirá en su poder para siempre. Pregúntese si tiene alguna obligación hacia el objeto para justificar su propiedad.

Advierta lo fácil que sería perder cada elemento. ¿La ropa? Se rompe, se gasta, se pierde y se mancha. ¿Sus facultades? Puede quedarse paralítico. ¿El árbol de su jardín? Puede secarse o morir de una enfermedad. ¿Los hijos? Se hacen mayores. ¿Su cónyuge? Usted puede enviudar o divorciarse.

Como no puede *poseer* verdaderamente un objeto amado, ¿de qué modo favorece el concepto de propiedad a su propósito de amor? ¿Cómo podría mejorar su concepción de sus relaciones con los elementos de su lista?

Oh Dios mío, ¿cómo es que en este mundo pobre y viejo Tú eres tan grande pero nadie te encuentra, Tú hablas tan fuerte pero nadie te escucha, Tú estás tan cerca pero nadie te siente, Tú te entregas a todos pero nadie conoce Tu Nombre? Los hombres huyen de Ti y dicen que no te encuentran; te dan la espalda y dicen que no te ven; se tapan los oídos y dicen que no te oyen.

HANS DENK

7

Perspectivas amorosas sobre la vida

Conténtate con lo que tienes; alégrate de las cosas tal como son.
Cuando te das cuenta de que nada te falta, todo el mundo te pertenece.

LAO TSE

El amor lo tolera todo, lo cree todo... lo soporta todo. El amor es eterno.

SAN PABLO

CUANDO las circunstancias son de nuestro agrado, no es demasiado difícil responder a la vida con amor. Pero por mucho que trabajemos para controlar esas circunstancias, nunca serán completamente de nuestro agrado. De hecho, existirán ocasiones en las que nos desagradarán intensamente. Es fácil asentir a estas afirmaciones de Lao Tse y de San Pablo, pero no es tan fácil imaginarse cómo debemos «tolerarlo todo, creerlo todo, soportarlo todo».

Afortunadamente para nosotros, a lo largo de los siglos, las personas han puesto a prueba numerosos métodos para conseguir precisamente estas cosas. Ciertos planteamientos de la vida que dan resultado en diversas culturas se han descubierto una y otra vez a lo largo de muchos milenios. Vivir desde uno de esos puntos de vista favorables se parece verdaderamente a refinar una práctica de vigilancia como la de nuestra práctica 27, en la que predeterminamos una posición de amor desde la que sentimos los hechos que nos rodean. Desde esta posición, podemos evitar distraernos a causa de los hechos inevitables que no nos gustan, y podemos pronunciar un *sí* más intenso a todos los hechos.

Contemple la vida como un río

Vive en el mundo pero no seas del mundo.

JESUCRISTO

Los perros ladran; la caravana pasa.

PROVERBIO ÁRABE

El mundo físico está compuesto de materia y de las formas que adopta esa materia. A lo largo del tiempo, las formas aparecen, se transforman y desaparecen. Nuestro cuerpo, nuestros amigos y nuestros seres queridos, los lugares, los trabajos, nuestras capacidades y oportunidades: todas esas cosas aparecen, se transforman y desaparecen. Si usted considera que estas apariciones, transformaciones y desapariciones son amenazas para su seguridad, reaccionará con miedo. Si las considera como momentos de misterio que se desvelan ante sus ojos, responderá con amor. «¿Qué es esto? Ah, sí.» «Y ¿qué es esto ahora? Ah, sí.»

Práctica 46

CULTIVE EL PAPEL DE OBSERVADOR

Entonces, el yogui contempló, mentalmente imperturbable, el flujo interminable de pensamientos, como si él fuera la tranquilidad, sentado a la orilla de un río viendo pasar el agua.

PADMA-KARPO

Esta es la práctica de ver la vida como un río, que arrastra ahora una ramita, después una rosa, luego un envoltorio de chicle, más tarde un niño, y que siempre fluye ante nosotros. En primer lugar, pase algún tiempo sentado a la orilla de un arroyo o río verdadero y medite sobre él. Contémplelo para advertir que está allí simplemente como un momento de misterio que se le revela a usted, y para conocer al río como metáfora de la vida. Si no tiene cerca de usted ningún río o arroyo, contemple el vuelo de los pájaros entre los árboles, observe el flujo del tráfico junto a su casa, escuche el fluir de la música o los gritos de los niños que juegan en el parque.

Amplíe esta perspectiva a todos los aspectos de la vida. Esta práctica de observación es diferente del ejercicio de apreciación de la práctica 30, pues su propósito es observar, más que apreciar lo que nos trae el río de la vida. Si usted añade alguna vez a esta práctica el elemento de apreciación, recuerde que está comprometido a apreciarlo todo, el envoltorio de chicle tanto como la rosa. Si le parece que todavía no está preparado para ello, limítese a contemplar cómo pasa todo flotando, sin juicios, sin valoraciones, sin etiquetas. Limítese a sentarse junto al río de la vida y a ver lo que ofrece. ¿Qué misterio se está desvelando en este momento? En este momento: ahora.

Hable con una voz interior de amor

Todo lo que somos es el resultado de lo que pensamos.

BUDA

El mundo es de tal o cual manera porque nos decimos a nosotros mismos que es así.

DON JUAN (CARLOS CASTANEDA)

Si usted se parece a la mayoría de las personas, pasa la mayor parte del tiempo hipnotizado por sus voces interiores. Unas veces anuncian una crisis: «¡Qué espanto! ¡Esto es terrible!». Otras veces anuncian que una persona, quizá usted mismo, es inadecuada, que está equivocada o que no es buena. Advierta lo apremiantes que son esas voces: dan la razón, exageran la importancia del éxito o del fracaso y le dicen lo que debe hacer. Escuche cómo charlan, una tras otra, como el sonido de un río que fluye a través de su mente, diciendo unas una cosa y otras otra.

El hecho de que una voz suene en su mente no quiere decir que diga la verdad. Aunque su experiencia lo confirme, eso no quiere decir que usted tendría la misma experiencia si se tomara menos en serio la voz. El lenguaje hace algo más que limitarse a describir, incluso en los casos en que es más descriptivo. El lenguaje siempre *evoca.* Si usted ha representado teatro, ya conocerá la facilidad con que el texto que repite evoca su experiencia. Por lo tanto, utilice las palabras de una manera deliberada para evocar el amor. Declare su relación, su amor, incluso cuando las circunstancias no le inspiren un estado de ánimo amoroso.

Práctica 47

REPITA UN MANTRA DE AMOR

Y si deseas resumir este propósito (el de llegar a Dios) en una sola palabra, toma una pequeña palabra de cuatro letras. Y esta palabra es AMOR; y fija esta palabra a tu corazón para que jamás se vaya, te pase lo que te pase. Y si algún pensamiento te incita a preguntarte qué es lo que quieres, responde con esta única palabra.

LA NUBE DEL NO SABER

Cuando dices algo así como «te amo» con todo tu ser, no solo con la boca o con el intelecto, puede transformar el mundo. Las palabras que tienen este poder de transformación se llaman «mantras».

THICH NHAT HANH

Entro en el salón de mi casa para tocar el piano antes de cenar y me encuentro a Elizabeth dormida en el sofá. Tomo una versión de la canción de cuna de Brahms que me gusta especialmente. Cuando me siento al teclado, me digo a mí mismo: «Te quiero, Elizabeth», dando a estas palabras todo el sentimiento que me es posible. Cuando me pongo a tocar, pongo en marcha un proceso que sube en espiral, desde acariciarla con mis manos al teclado pasando por el sonido de la música y por mi voz interior. En cada elemento (mis manos, el sonido y la voz) vierto toda la ternura y el cariño que puedo, y cada uno de ellos evoca más ternura y más cariño en los demás. Ella no se despierta mientras yo toco la pieza, pero ahora que he amado a Elizabeth con tanta intensidad, mi vida y mi relación con ella han cambiado para siempre.

En esta práctica, usted va más allá de contemplar sus voces interiores y elige deliberadamente una para hablar con ella, una y otra vez, para que le haga avanzar por su camino de amor. Elige una palabra o una expresión que le recuerda su camino, y se la repite silenciosamente a sí mismo, como un mantra, mientras hace su vida diaria. Así se le interrumpe la sucesión habitual de voces, se le cambia el ritmo y se mantiene fijo en su propósito. Usted tiende a ser aquello con lo que llena su mente.

Sea creativo y pruebe mantras diferentes en las diversas circunstancias de la vida. Puede que quiera referirse a un poder superior, a Dios, o puede que no; puede usar un lenguaje arcaico o no. He aquí algunos ejemplos de mantras que han dado buenos resultados a muchas personas:

Te amo.	Esto es lo que Dios ha querido para mí.
Amo esto.	Este es mi camino, ¡este!
Estoy en paz.	Para esto he venido aquí.
¡Dios mío, te doy gracias!	Elijo aquí el amor, elijo el amor.
Estoy aquí para amar.	¡Sí!
Así sea.	Amén.
¡Alegría!	¡Qué hermoso!

Si, por ejemplo, utiliza las palabras «te amo» como mantra, piénselas una y otra vez con toda la fuerza y el significado que pueda darles. Utilícelas al acercarse a un compañero sentimental o a los estudiantes de su clase o a sus colegas o clientes en el trabajo, al acariciar a su gato o dar de comer a sus peces de colores, al velar junto al lecho de algún enfermo, al oír cantar a un pájaro o al sentir el calor del sol, cuando se vea reflejado en el espejo o se acuerde de su abuela o del novio que tuvo cuando usted tenía trece años, o cuando hable con su hija por teléfono. Dígaselo a la persona a la que ve por el retrovisor en el coche detrás del suyo en un semáforo.

Como segundo ejemplo, diga: «¡Dios mío, te doy gracias!», incluso antes de saber de qué tiene que estar agradecido. Como declaración, lo fuerza a mirar a su alrededor para descubrir qué es lo que puede vivir con agradecimiento. Lo libera de tener que dar todo por supuesto, de reconocer únicamente las bendiciones menos habituales.

Viva la vida como un juego

El trabajo es todo lo que tiene que hacer un cuerpo por obligación. El juego es todo lo que no tiene que hacer un cuerpo por obligación.

MARK TWAIN

Los ángeles pueden volar porque se toman a sí mismos a la ligera.

G. K. CHESTERTON

El trabajo se dirige activamente hacia alguna meta u objetivo, y consideramos su valor o su significado en la medida en que alcanza ese objetivo. Un juego también puede consistir en llegar desde donde estamos hasta una meta. Pero los juegos se *juegan,* es decir, que el resultado no es su verdadero propósito. El juego se orienta al ahora, a nuestra alegría o amor hacia el momento. Cuando el juego se juega solo para ganar, se convierte en trabajo. La vida, vista como un todo, debe ser un juego, pues el final de la vida es la muerte, y cuando muramos no podremos llevarnos los puntos ni los goles.

No confunda la puntuación de un juego, medida en función de los tantos conseguidos, con su propósito verdadero. Puede conseguir dinero, fama, un cónyuge, niños y alcanzar así sus objetivos. Pero cuando emprende un camino de amor, se propone jugar por la alegría de jugar, por amor, y no simplemente para conseguir fama y dinero.

Cuando jugamos a un juego, hemos aceptado sus reglas aunque no nos gusten, y por eso no nos enfrentamos contra ellas. Las reglas son arbitrarias, por supuesto, y solo existen gracias al acuerdo entre los jugadores. Al decidir jugar la vida como un juego de amor, usted elige como parte de ese juego todos los hechos que se encuentra, incluso aunque no le gusten algunos de ellos.

Práctica 48

CULTIVE EL PAPEL DE JUGADOR

Regla quinta (y única): Te has tomado a ti mismo demasiado en serio.

ARTHUR BLOCH

Esta práctica consiste en vivir la vida conscientemente como un juego, haciendo uso de su propio sentido de lo que significa para regirse a la hora de reaccionar ante las circunstancias. Baila por la calle por el único motivo de que había dicho que lo haría, y porque está vivo en un hermoso planeta lleno de criaturas maravillosas. Recibe las crisis de su vida del mismo modo que recibiría los reveses o los contratiempos en cualquier otro juego.

Vivir la vida como un juego no quiere decir trivializar la vida. El juego de su vida no tiene nada de trivial: afecta a las circunstancias en las que vive todo el mundo. Para amar un juego, debe jugarlo con dedicación, con todo el corazón; pero cuando pierde, se encoge de hombros y vuelve a jugar al día siguiente.

¿Es usted capaz de vivir completamente comprometido con lo que está haciendo, sin estar pendiente del resultado, de la puntuación? ¿Es capaz de sentir la vida como seria y como absurda al mismo tiempo? ¿Puede sentir dolor a un nivel y sentirse feliz a otro nivel porque está jugando a un juego maravilloso?

Ganará en el juego de la vida si juega toda la partida con cariño y con cntusiasmo. Sus tantos no son más quc una cxcusa para jugar. Las partidas y los jugadores que se encuentra a lo largo del juego son la materia bruta para su amor. Respete a sus compañeros de juego. Aunque pierdan algunos balones, juegan en la división de honor, como usted.

Vea la vida como una obra de teatro

Todo el mundo es un escenario, y todos los hombres y mujeres no son más que actores.

WILLIAM SHAKESPEARE

Cuando usted representa o contempla una obra de teatro, sabe que toda la representación tiene lugar para que usted y todos los demás puedan amarla. Cuando usted está en el escenario, se entrega a diversos papeles, utilizándolos como vehículos para transmitir al mundo energía de amor y cariño. Cuando se sienta entre el público, puede contemplar la obra tranquilamente, amando cada uno de los gestos y aprendiendo de cada momento.

Práctica 49

SEA INTÉRPRETE Y ESPECTADOR AL MISMO TIEMPO

Todo papel se convierte en una trampa si se toma en serio.

RAM DASS

Esta práctica consiste en vivir conscientemente la vida como obra de teatro. Cultive un punto de vista ventajoso dentro de usted, desde el cual usted sea un espectador capaz de presenciar lo que sucede, incluso en los momentos difíciles. Como usted está sentado tranquilamente en esa butaca entre el público, tiene la libertad de saltar cuando quiera al escenario y entrar de todo corazón en sus papeles. Elija sus papeles con cuidado, como medios para expresar su fuerza vital. Aunque los represente de todo corazón, nunca identifique a su *yo* con lo que les sucede a los personajes que representa.

Es fácil que se deje arrastrar tanto por la obra que llegue a creerse que *usted* es uno de los personajes. No lo es: es el actor que representa los papeles, y también es el espectador que contempla toda la obra. Puede *decidir intervenir* en una obra y actuar en ella, puede proponerse casarse con la protagonista y vivir felices para siempre. Pero no tiene que llegar a conseguirlo para vivir feliz, porque la obra no deja de ser maravillosa, y su papel sigue siendo muy emocionante.

Confíe en la vida y en el mundo

El amor es perder el miedo.

GERALD JAMPOLSKY

El miedo te dice: «Quiero darte seguridad». El amor dice: «Estás seguro».

EMMANUEL (PAT RODEGAST)

No es fácil ser un ser humano. Nacemos desvalidos; nos cuidan personas sin experiencia y capaces de cometer errores, que tienen nuestra vida en sus manos. Nacemos sin libro de instrucciones, de modo que aprendemos el propósito de nuestra vida, nuestras limitaciones, nuestra valía, a través de estas y otras personas capaces de cometer errores, que saben bastante poco de la vida. Nuestro cuerpo, probablemente, no se sale de lo común en cuanto a atractivo y capacidad, y nos desconcierta por sus enfermedades, sus deseos, su envejecimiento y su inevitable avance hacia la muerte. Nosotros, y todos, siempre nos estamos decepcionando mutuamente; cometemos errores. Vivimos como uno más en un mundo sobrepoblado que emite muchas críticas y pocas felicitaciones, de modo que es difícil sentir que aportamos algo positivo a los demás.

En vista de todo esto, es comprensible que usted haya aprendido a centrarse en los sucesos negativos de su vida, para evitarlos, y que, por lo tanto, se haya formado el hábito de tener miedo. Cuando tiene miedo, proyecta sucesos desagradables sobre un futuro incierto y dirige hacia ellos un no poderoso. Le preocupan tanto los posibles problemas del futuro que deja de percibir lo que hay digno de amor en su vida ahora mismo.

El miedo llega cuando usted se niega a tener confianza. No solo tiene que tener confianza como reacción ante circunstancias que parecen dignas de confianza. Puede que parezca que su futuro no es digno de confianza. Puede parecer erizado de peligros, pero con todo eso usted puede amarlo intencionadamente. Tiene algo de maravilloso y de conmovedor a la vez confiar deliberadamente en que el universo sabe lo que se hace al crearnos a nosotros y a los demás seres, aunque entre nuestras cuitas se cuenten la vejez inevitable, las pérdidas de seres queridos y la muerte. La confianza es una postura que adoptamos hacia la vida y hacia el mundo, una postura en la que conocemos la verdad sobre lo que puede depararnos el futuro, pero una postura que dice que podremos soportar los sucesos dolorosos cuando lleguen, y que, mientras tanto, amaremos con toda la intensidad que podamos.

Práctica 50

EXPLORE SUS MIEDOS

La vida humana es como el aula de una escuela. Siga el plan de estudios.

EMMANUEL (PAT RODEGAST)

Eres hijo del universo,
no menos que los árboles y que las estrellas;
tienes derecho a estar aquí.
Y, aunque no lo veas claro,
no dudes que el universo
se desenvuelve como debe.

DESIDERATA (MAX EHRMANN)

Repase su vida y los sucesos o hechos a los que verdaderamente tiene miedo. Prepare una lista, incluyendo únicamente los hechos que teme activamente, y no a los que sabe por medio del intelecto que podrían tener consecuencias negativas para usted. Para cada uno de esos sucesos o hechos, anote qué es de lo que desconfía en sí mismo o en el mundo para producirle este miedo. Puede ser que no confíe en su capacidad para soportar el dolor, o en la disposición de la sociedad a cuidarlo en los momentos de necesidad, o en la sabiduría de un mundo que ha hecho mortales a usted y a las demás criaturas.

Si usted cree que la vida humana es como el aula de una escuela, entonces una parte principal del plan de estudios consiste en superar las dificultades que le planteen sus circunstancias, sean las que sean. ¿Qué le haría falta para confiar en aquello en lo que no confía ahora mismo? ¿Qué medidas puede tomar para hacer más fácil la confianza? Adopte esas medidas. Por ejemplo, desarrolle una red de apoyo de amigos y parientes, o haga testamento si lo necesita para envejecer con más confianza.

Sin que importe si está dispuesto a confiar en el mundo ahora mismo, aleje su atención de sus miedos. El mundo tiene incontables lugares donde dirigir su energía, incontables objetos que puede amar. Aparte su atención de sí mismo y diríjala a algo exterior a usted. No necesita vivir lleno de miedos.

Si a fuerza de paciencia, a fuerza de velar... el mundo que era letra muerta para mí se hace vivo y divino, ¿no velaré siempre? ¿No me haré vigilante desde ese momento?

HENRY DAVID THOREAU

8

Amar a las demás personas

Amarás a tu prójimo como a ti mismo.

JESUCRISTO

Jamás me he encontrado con una persona que no me agradase.

WILL ROGERS

LA gente pone a prueba constantemente su capacidad de amar. Algunas veces se lo ponen fácil, pero muchas veces lo que hacen parece impedir el amor. En este capítulo, usted prepara y ensaya encuentros de amor con otras personas, ya sean los miembros más íntimos de su familia u otras personas a las que solo vea un momento y de lejos. Aprenderá a hacer uso de sus relaciones con las personas como ricas fuentes de experiencias de amor, en vez de como fuentes de frustraciones. Aportará cada vez más satisfacción a sus relaciones personales, en vez de intentar hacer uso de estas para conseguir satisfacciones.

El propósito de las relaciones personales

Solo nos tenemos a nosotros mismos y a los demás.
Puede que no sea gran cosa, pero es lo único que hay.

SHELLY KOPP

Usted es libre de escoger en cualquier momento el propósito de sus relaciones con otra persona. Por supuesto, los objetivos prácticos de tener hijos y criarlos, de ganarnos el sustento y de conservar la vida que relacionamos con la familia, los amigos, los compañeros de trabajo y las muchas personas con las que nos tratamos en nuestras relaciones diarias le estarán saltando a la vista. Puede hacer que el propósito de sus relaciones sea alcanzar esos objetivos básicos: su hija y usted pueden cocinar la cena para cenar con tiempo, para poder lavar los platos antes de que se haga demasiado tarde para planchar y poder acostarse a su hora...

Es fácil permitir que las necesidades prácticas dicten el propósito de las relaciones personales, y vivir toda la vida dedicándose simplemente a hacer las cosas. Pronto, su hija crece y abandona el hogar, y usted se da cuenta de que, con tantas prisas, se le olvidó amar la vida a su lado.

Si bien su objetivo puede ser hacer una cosa tan práctica como llevar la cena a la mesa, sus relaciones pueden basarse en propósitos diferentes: pueden ser una invitación a *amar al otro,* un desafío a *amar su propia vida,* un campo donde *aprender a amar,* una oportunidad para *aprender acerca de otra persona,* una oportunidad para *aprender acerca de sí mismo.* Para cultivar el arte y la práctica de amar, puede convertir cada una de sus relaciones en un ejercicio de vigilancia basado en mantener estos propósitos, saltando de uno a otro de vez en cuando según lo exijan las circunstancias.

Práctica 51

HACER DEL AMOR EL PROPÓSITO DE SUS RELACIONES PERSONALES

¿Quién es el sabio? El que aprende de todos los hombres.

TALMUD

Creo en las relaciones entre persona y persona; toda persona es Cristo para mí, y como solo existe un Jesús, esa persona es la única persona que existe en el mundo en ese momento.

MADRE TERESA

Elija a una de las personas importantes de su vida y afirme que el propósito fundamental de sus relaciones con ella es amarla. Por supuesto, ambos trabajarán juntos para alcanzar objetivos, en función de la naturaleza de sus relaciones. Pero siempre que esté con esa persona o piense en ella, su prioridad principal es vivir las experiencias de calentamiento del corazón del amor. (Presentaremos técnicas concretas para conseguirlo en este mismo capítulo.)

Con esta práctica, usted conserva claro su orden de prioridades. A lo largo del tiempo, mejorará su capacidad de amar, amará más su propia vida, y aprenderá más cosas acerca de esa persona y acerca de usted mismo. Siempre que se encuentre a sí mismo desviado de su propósito y no sea capaz de volver a adoptar una postura de amor, aprovéchelo como señal para aprender: «¿Qué puedo aprender acerca de esta persona y de mí mismo a partir de este incidente?». Evite echar la culpa a ninguno de los dos, o poner a alguno de los dos la etiqueta de «correcto» o «equivocado». Usted está comprometido a dos objetivos primarios: amar y aprender.

Amplíe esta práctica a las demás personas de su vida: desde sus padres, su cónyuge y sus hijos hasta el cajero de la tienda de ultramarinos. Así, podrá adquirir dominio de este ejercicio de vigilancia al irlo practicando a lo largo de su vida. No existe limitación alguna a lo poderosamente que puede aprender a amar a las personas con las que vive.

El amor por el amor

No estás «enamorado de ella», sino «enamorado de la vida a través de ella».

STEWART EMERY

Solo es posible amar a seres humanos, no a la humanidad. Para amar, es preciso amar a una persona concreta o un hecho concreto. Usted puede sentir una atracción sentimental hacia innumerables personas, pero en cualquier momento dado usted solo ama sentimentalmente a una única persona. Sin ella, no podría expresar el amor sentimental. La persona concreta, la puesta de sol concreta, el trabajo concreto, la flor concreta, la idea concreta: estas son las muestras que le ofrece el universo. Usted llega a amar estas muestras, y solo a través de ellas llega a amar.

Es antigua la imagen de que nosotros somos como unos músicos, que hemos venido a este mundo para tocar una melodía, que es el amor. Si usted es flautista, puede atribuir por error su música a su propia flauta, concibiendo un apego excesivo hacia ella o culpándola en las ocasiones en que la música lo defrauda. Su flauta no es su melodía de amor; es el vehículo a través del cual usted interpreta esa melodía.

Cuando usted ama a una persona, reacciona ante su cabello negro como el azabache y ante el modo en que mueve la cabeza. Pero si usted considera que ese cabello o ese movimiento de cabeza es la *razón* de su amor, está confundiendo la flauta con la melodía. Ame su cabello, pero ame a la persona por el hecho de amar, no por su cabello. Pronto se le volverá gris. El motivo por el que ama es que está decidido a tocar esta melodía de amor y ha elegido a esa persona, en este momento, para que sea su flauta.

Práctica 52

AME LA VIDA A TRAVÉS DE ESTA PERSONA

Dios no es amor. Dios no es amar.
Dios es alguien que ama a algo, o algo que ama a alguien.

R. H. BLYTH

En esta práctica, cuando usted se relaciona con una persona, vierte conscientemente su amor, su cariño, su admiración, en este acto único con esta única persona. Así se potenciará el significado de cada palabra, de cada contacto, que dejará de ser un gesto para convertirse en una caricia del universo.

Practíquelo más a fondo en actividades en las que no intervienen personas. Siegue el césped como contacto de amor para hermosear la

Tierra, que ha sustentado la vida desde hace más de cuatro mil millones de años, ha mantenido a nuestros antepasados y ahora nos mantiene a nosotros. Acaricie a su gata como medio de expresar el amor por todos los animales, e incluso por toda la vida. Que su blandura cálida y ronroneante represente a todos los mamíferos que han preparado nuestra venida a la Tierra a lo largo de millones de años, y alégrese de disponer de este medio afectivo para expresar su cariño y su agradecimiento. La próxima vez que cocine, participe en un acto de amor y de servicio eminentemente humano, por medio del cual usted transforma una serie de productos inesperados en alimentos para usted y para sus seres queridos. Cuando se cepille los dientes, hágalo como manera de cuidar su cuerpo y, por lo tanto, de cuidar de todos los cuerpos vivientes.

El arte y la práctica de la intimidad

> *El amor se basa en un compromiso con una cierta manera de ver, con una cierta manera de compartir.*
>
> ROBERT C. SOLOMON

A ciertos aspectos del amor los llamamos *intimidad:* estar conectados mutuamente en uno, compartir una atención, un interés y un entusiasmo por el otro que llega más hondo que la superficie. La intimidad es un *planteamiento* que se adopta del otro: el de la atención y la apertura. Por supuesto, es posible esperar a que las circunstancias sean muy poderosas, en la actividad sexual por ejemplo, de tal modo que no le quede más opción que reaccionar con interés y con apertura. Esta espera supondrá que muy rara vez llegue a experimentar la intimidad. Pero puede hacer uso de la atención y de la apertura como práctica de vigilancia, y alcanzar la intimidad con cualquier persona que desee.

Algunas personas pueden no desear la intimidad, por confundirla con la actividad sexual, debido a que es muy poca la intimidad de la que han disfrutado en situaciones no sexuales. Algunas personas pueden no desear la intimidad porque temen que la otra persona les encontrará faltas. Sea sensible a esos problemas, pero no deje que lo detengan. Limítese a practicar la intimidad de modos adecuados y con personas adecuadas.

Práctica 53

TRECE TÉCNICAS PARA PRACTICAR LA INTIMIDAD

Amar a una persona es algo más que un sentimiento fuerte: es una decisión, es un juicio, es una promesa.

ERICH FROMM

El primer deber del amor es escuchar.

PAUL TILLICH

Esta es la práctica de la intimidad en todas las relaciones en las que resulta adecuada la intimidad. Es decir, en las relaciones con los amigos íntimos, los hermanos, los padres, los hijos, los nietos, y en las situaciones sexuales o no sexuales de las relaciones sentimentales.

Advierta el modo en que el mismo nombre de esta práctica hace pensar en la actividad sexual, porque pocas personas experimentan la intimidad sin la poderosa motivación del sexo. Trabaje para separar en su mente lo que es intimidad de lo que es sexo, para que no solo sea capaz de dar mayor intimidad a sus actividades sexuales, sino también a las no sexuales.

Los pasos concretos de esta práctica son, por sí mismos, prácticas poderosas para dar intensidad a cualquier amor; en la reunión de un comité, en una conversación por teléfono, escribiendo una carta o cuidando a su hámster.

La práctica de la intimidad es un ejercicio de vigilancia en el que su propósito es ser abierto y honrado con su compañero, y prestarle una atención escrupulosa. Con la práctica, usted irá descubriendo sus propias maneras de aumentar su intimidad con diversas personas, pero aquí le presentaremos algunas técnicas universales. Puede practicar estas habilidades una por una o varias a la vez.

1. Estime intencionadamente a esta persona, ya estén juntos o separados. La estima es una puerta abierta hacia el corazón.
2. Dedique el tiempo en que están juntos a prestar atención a esta persona, y olvide las demás cosas que podría estar haciendo. Al fin y al cabo, *esta* es la persona con la que está ahora mismo. Por lo tanto, haga de ella o de él la persona adecuada. *¡Esta es!* Esta. Ahora. No mire a su alrededor para ver quién más está cerca; no deje de sentir la presencia de su compañero ahora, mientras están juntos.
3. Envíe silenciosamente amor a su compañero. Diga mentalmente: «Te amo», mientras lo mira, y piense verdaderamente lo que dice. Es posible aprender a decir «te amo» en silencio, mentalmente, con tanto sentimiento que se *evoca* la experiencia del amor.
4. Mire a su compañero a los ojos, sobre todo cuando usted habla. Si no lo ha practicado, el mirar a una persona a los ojos, las «ventanas del alma», pueden distraerlo a usted de sus pensamientos. Su compañero o usted pueden sentirse incómodos por la mayor intimidad. Recuerde su propósito. Son técnicas de amor, no de manipulación ni de autoafirmación.
5. Mire decididamente a su compañero, cuando este hable o, incluso, cuando estén en silencio. El hecho de no mirarse no tiene connotaciones negativas, pero al no mirarse se pierden una manera importante de conectar el uno con el otro.
6. Cuando su compañero se valore a sí mismo positivamente, confírmelo de manera positiva y sutilmente, asintiendo con la cabeza, sonriendo o asintiendo de palabra.
7. Diga lo que tiene en la cabeza, sobre todo sus sentimientos. Algunas personas hablan muy rara vez de sus sentimientos, y es posible que ni siquiera sean conscientes de ellos. Otros hablan con tanta facilidad de cómo se sienten que sus amigos llegan a desear que cambien de tema. Busque un punto intermedio acertado en sus propias relaciones.
8. Comparta los triunfos. Un triunfo es cualquier suceso que usted está dispuesto a interpretar como triunfo y que describe basándose en esa interpretación. Compartir triunfos interrumpe los esquemas de quejas en los que se basan tantas conversa-

ciones. Si ustedes dedican cierto tiempo por adelantado para compartir mutuamente sus triunfos, buscarán con regularidad la parte positiva de sus experiencias. Una familia puede decidir que todos sus miembros compartan un triunfo cada día antes de ponerse a cenar.

9. Pida lo que desee, sobre todo en lo que se refiere a actos de amor o de cariño. No refuerce la voz que le dice que solo se puede disfrutar de la conducta cuando es espontánea y no solicitada. Esta práctica se profundiza si, en el momento en que formula su petición, visualiza alguna ocasión en la que dio a otra persona lo que usted pide ahora. Como usted no puede controlar los actos de su compañero, este puede negarse a darle lo que usted desea. En ese caso, siga con lo que puede controlar, a saber: mantener su propósito, que es el de practicar la intimidad.
10. Advierta, pregunte o escuche atentamente qué es lo que su compañero quiere de usted, y entregúelo, siempre que no vaya en contra de sus propios valores ni de la práctica de la intimidad.
11. Por muy familiarizados que estén el uno con el otro, olvide lo que sabe acerca de esta persona y acerqúese a ella como si acabara de conocerla. Las imágenes que se forma de otras personas le aportan certeza y seguridad, pero a costa de vivir en el mundo fijo de sus propias imágenes. Fomente un sentimiento de admiración hacia esta persona (esta forma maravillosa, tan frágil y tan mortal, pero tan resistente al mismo tiempo), a través del cual se vierte sobre la vida de usted la energía del cosmos, que usted vierte a su vez sobre la vida de la otra persona.
12. Advertirá de vez en cuando que sus pensamientos condicionan el momento en que usted estará dispuesto a amar. «La amaría (más) si ella...» Limítese a advertir estas condiciones y a liberarse de ellas; dirija su atención sobre alguna otra cosa. Su propósito es *el amor sin condiciones*.
13. Esté donde esté, haga lo que haga, extienda su conciencia un momento e incluya en ella a su compañero. Forme en su mente una unidad de ambos como uno solo. Cuando estén juntos, diga calladamente: «Estás conmigo», «Eres como yo», o «Eres yo mismo». Esto le ayudará a vivir la pareja o el

grupo, en vez del individuo. Advertirá sus semejanzas, en vez de mantener el hábito de poner de relieve sus diferencias.

Estas prácticas le harán ver lo poderosas que son sus barreras contra la intimidad. Verá cuánto se protege a sí mismo de los demás y cuánto se protegen los demás de usted. Podrá advertir lo intensamente que teme que lo encuentren sin esta protección. Podrá conocer, incluso, qué es lo que teme, y descubrir que no es tan malo como usted creía el que otra persona lo sienta a usted como ser humano: capaz de cometer errores, asustado y deseoso de amor.

Práctica 54

ESTÉ CON ALGUIEN

¿Has mirado a alguien a la cara verdaderamente alguna vez?

J. KRISHNAMURTI

Esta práctica de intimidad consiste sencillamente en mirar a la cara a una persona mientras esa persona nos devuelve la mirada. La práctica supera las barreras que cierran el paso a la intimidad, no solo a la intimidad con esta persona, sino con cualquier otra. Además, lo libera para que pueda tener más confianza en sí mismo y más autoafirmación en todas sus relaciones.

Póngase de acuerdo con alguna persona para realizar juntos la práctica de estar con ella durante un periodo determinado. Prepare un despertador, si lo tiene. Hasta un breve momento tiene valor, pero empiecen por un periodo de diez minutos y aumenten el tiempo al ir adquiriendo experiencia. Siéntese a medio metro de su compañero. Después, limítese a estar con él. Mírelo a la cara mientras él lo mira a usted a la cara. No se están mirando el uno al otro; simplemente, están juntos. No le envíe mensajes de amor, ni de preocupación por sus sentimientos o por sus pensamientos. No lo juzgue; limítese a verlo, a sentir su presencia. Si se da cuenta de que usted está cayendo en pensamientos o en juicios de valor, dese cuenta de lo que hace y vuelva a estar con él. Cuando termine el tiempo, dé un abrazo a su compañero.

Las primeras veces que realice esta práctica, puede quedarse sorprendido de las emociones que salen a relucir. Su compañero o usted pueden sentirse incómodos, tristes, con ganas de reír, extasiados o angustiados. Puede sentir deseos insoportables de interrumpir la práctica hablando, marchándose, llorando o riendo. No lo haga. Limítese a observar lo que sucede y mantenga en marcha la práctica. Si no es capaz de hacerlo, pida a otro amigo que se siente a su lado que lo toque o que lo rodee con un brazo, para darle apoyo y confianza para realizar la práctica. Pregúntese a sí mismo qué es lo que puede aprender de la desazón que sintieron su compañero y usted al realizar esta práctica. ¿Puede aprovechar la práctica para ofrecer más compasión y sabiduría a las personas?

Práctica 55

TOQUE A OTRA PERSONA A TRAVÉS DE SU MANO

Recuerda que el Espíritu Santo solo interpreta el cuerpo como un medio de comunicación (de amor).

UN CURSO EN MILAGROS

La atención es el alimento del amor. Para fomentar las experiencias de amor (positivas), desarrolle la atención positiva. ¿Qué siente cuando da a otra persona un apretón de manos, o cuando le toma la mano? ¿Siente una mano? No: siente una forma de calor y de presión que usted *supone* que es piel, que es una mano. Lo que supone usted a partir de esa forma de calor y de presión depende de usted. Puede dar la mano a una persona, abrazarla, incluso tener relaciones sexuales con ella, sin llegar a *tocarla,* sin llegar a tocar a la persona que está dentro de ese cuerpo, el alma. Para tocar, es preciso crear ese significado. *Usted* tiene que ponerse en su mano y llegar a *ellos*. Esta práctica de situación de su atención le aportará la capacidad de acariciar el mundo al tocarlo, y de sentirse acariciado por él a su vez.

Tome la mano de una persona y limítese a sentir la forma de calor y de presión que produce. Después, sea consciente de cómo su piel toca la de usted para crear esa forma. A continuación, sienta a través de su mano la vida / energía / amor de la persona que está tocando. Deje que esa vida / energía / amor entre en usted, y deje que la suya penetre en la otra persona. Después, sin cambiar de postura, sienta su mano sobre la de la otra persona como una caricia amorosa que le hace usted a ella. Al acariciarla a través de la mano de usted, siéntase acariciado por la de ella al mismo tiempo. Agarrados de la mano, toqúense algo más que las manos: toqúense el uno al otro. *Usted* la toca a *ella* a través de la mano de usted. Practique el paso de la atención, desde la postura normal, segura, de agarrarse de la mano simplemente, hasta llegar a una caricia íntima, sin cambiar de posición en lo más mínimo.

Ponga su corazón en su mano, y extiéndala para tocar el mundo. Toque cualquier cosa, y comuniqúese con ella desde su corazón. Acaricie a su perro o a su gato, enviándole amor, y enviándoselo a través de él al universo cuya energía representa. Acaricie con el tacto su instrumento musical, su equipo deportivo, o las herramientas de su oficio o de su profesión. Cuando bese a alguien, bese *a esa persona* a través de sus labios. Cuando tenga relaciones sexuales con alguien, ame *a esa persona* a través de su cuerpo. Para eso tienen cuerpo las personas: para tocar el mundo con amor.

Práctica 56

PINTE A OTRA PERSONA DE AMOR

¿Quieres saber lo que está en mi corazón?
Desde el principio del tiempo: ¡Esto mismo! ¡Esto mismo!

RYŌKAN

El acto de acariciar no requiere tocar físicamente a otra persona. Existen incontables maneras de acariciar; por ejemplo, a través de los ojos o de la voz. Un acto se convierte en caricia por el sentimiento que se le da; cuando lo convertimos en un contacto de amor. Al pintar de amor a otra persona, usted renuncia al contacto físico para practicar la labor interior de crear el espíritu de amor. Lo que aprende así lo puede aplicar a las caricias de todo tipo.

Lo único que tiene que hacer la persona a la que usted pinta es quedarse quieta de pie (o sentada o echada) durante unos diez o quince minutos. Su pincel será una de sus manos o las dos, que usted mantendrá a una distancia mínima de dos centímetros, y máxima de quince, del cuerpo de la persona. El acto físico de pintar, que se parece tanto a una caricia, evocará en usted mismo una experiencia de amor más profunda. Su desafío consiste en descubrir cuánta admiración, asombro, estima y ternura puede experimentar para pintar con ellas a su compañero, usando sus manos a modo de brochas. Sienta por sí mismo lo maravillosa que es verdaderamente esa criatura, y pinte con ese amor a su compañero a través de un palmo de aire.

Al principio puede sentirse estúpido, y sus esfuerzos pueden parecerle tensos y vacíos de sentimientos. No se preocupe. Todos los grandes intérpretes de cualquier instrumento tuvieron que empezar como principiantes. A no ser que su compañero y usted quieran hacer uso de esta práctica como parte de su actividad sexual, decida por adelantado que no tiene un fin sexual, que no acercará sus manos a las partes sexuales del cuerpo, y que, si se le despierta el deseo sexual, apartará su atención de él.

Pintar a alguien de amor es un acto creativo por parte de usted, una manera de expresar y de evocar sus sentimientos más profundos hacia el universo que lo ha creado. Practíquelo con cualquier persona con la que esté dispuesto a experimentar intimidad. Algunas personas sienten que ser pintadas de amor aumenta su energía o su vitalidad, las vuelve más positivas, les alivia el dolor o las beneficia de alguna otra manera.

Por supuesto, puede pintar de amor cualquier objeto, desde el retrato de su difunto esposo hasta su perro o sus plantas, siempre que sea capaz de acariciarlo con sinceridad. Nunca se trata de una cuestión de lo digno de amor que sea objetivamente lo que se pinte de amor. Amar no es estimar el valor objetivo. Se trata siempre de una cuestión de la profundidad con la que se puede evocar un *sí* hacia el objeto.

Exprese su amor

Extiende sin límites tus pensamientos de amor.

BUDA

Cuando usted experimenta los calentamientos del corazón del amor, cuénteselo a alguien. Al decirlo, lo ratifica dentro de sí mismo, evita perderlos, da calor a las vidas de las personas a las que se lo cuenta y crea un mundo en el que se valora y se apoya más el amor, y por lo tanto se vive con mayor frecuencia. Hace falta decisión para enviar mensajes de amor a un mundo que no hace más que pensar en lo mal que están las cosas. Pero usted es capaz de hacerlo, y al cabo del tiempo es probable que lo aprecien por hacerlo. Al fin y al cabo, la mayoría de la gente cree en el amor; lo que pasa es que quieren que empiece el otro.

Práctica 57

PONGA POR ESCRITO UNA CARICIA

Elija a una persona que haya tenido importancia para su vida, y exprese por escrito la estimación más poderosa de ella que pueda. Identifique y describa lo que más estime de esa persona, de qué manera ha afectado a su vida para bien. Esto no es más que para su diario; si quiere mostrárselo a la persona más adelante, es otra cuestión. Su propósito en esta práctica es sentir el efecto en espiral que se produce cuando el sentimiento evoca un texto escrito, que evoca a su vez un sentimiento más profundo... todo lo cual conduce a un registro escrito y a una poderosa experiencia de amor que aporta algo a sus relaciones personales. Es una oportunidad para dejarse llevar, para ser todo lo poético, todo lo sentimental, todo lo asertivo que pueda. Deje que la pluma sobre el papel le pida palabras que escribir, y le anime así a recurrir a sus experiencias buscando maneras creativas de estimar a la otra persona.

Esta práctica es valiosa, aunque su sujeto haya muerto o se haya marchado de su lado hace años. Genera nuevas interpretaciones, nuevos relatos, que sustituyen a los viejos o conviven con ellos. Dirija también esta práctica a seres no humanos, como un animal, una planta, un trabajo, una posesión, una casa, una ciudad, el campo, la tierra: cualquier cosa para la que esté dispuesto a cultivar la experiencia del amor.

Práctica 58

¿DE CUÁNTAS MANERAS SABE DECIR «TE AMO»?

¿Cómo se dice «te amo»? ¡Muchas veces, y en voz alta!

LEO BUSCAGLIA

Esta práctica es un experimento en el que usted descubre de cuántas maneras puede expresar su amor a las personas de su vida. La práctica aumentará su repertorio de métodos para que usted sea capaz de amar con frecuencia y de una manera adecuada, para que la gente acepte su mensaje. También lo volverá más sensible ante cómo le manifiestan amor los demás a usted.

Anote en su diario cuándo ha comunicado amor a los demás en el último día. ¿A quién se lo comunicó y cómo? La comunicación no tiene por qué ser verbal. ¿Qué hay del espejo del cuarto de baño que limpió, del gato al que dio de comer, o de la sonrisa que dirigió a la nueva compañera de oficina?

Preste atención a los demás para descubrir cómo expresan su amor, y aprenda de ellos. Algunas personas no aprenden jamás a decir directamente «te amo», y se andan con rodeos preguntando cosas del tipo: «¿Qué tal te marcha el coche últimamente?», o «¿Estás embarazada ya?». Dé calor al modo en que oye comunicarse a los demás, para descubrir si es posible que estén expresando amor, la expresión más poderosa de la que son capaces en ese momento.

Recuerde a las muchas personas que intervienen en su vida, e imagínese cómo puede expresar a cada una de ellas su estima, su regocijo u otro aspecto cualquiera de su experiencia de *sí.* Decídase a expresarles ese amor la primera vez que sea posible. Cuando se decida, anótelo en su diario.

Si, cuando llegue el momento, usted se bloquea y no lo dice, examine los pensamientos negativos que lo bloquearon. Ponga en tela de juicio la validez de esos pensamientos. ¿Es verdad, por ejemplo, que si usted hubiera expresado al portero su estima por verlo barrer el suelo lo hubiera tomado por loco? Inténtelo y verá.

Práctica 59

MANTÉNGASE AL DÍA EN LA EXPRESIÓN DE SU ESTIMA

Para expresar debidamente una cosa, esta debe salir de dentro, debe ser impulsada por su forma, no de fuera adentro, sino de dentro afuera.

MAESTRO ECKHART

Muchas personas desempeñan y han desempeñado papeles importantes en la vida de usted. Pasa el tiempo, y usted no dispondrá de toda la eternidad para reconocérselo. Para expresarles su gratitud por el papel positivo que han desempeñado, para hacerles saber cómo lo han enriquecido y le han beneficiado, reconózcaselo ya. Viva de tal manera que, si muriera en cualquier momento, sabría que había manifestado su agradecimiento y su amor a todos a los que quería manifestárselo. Manténgase al día en la expresión de su estima.

Repase su vida, y acuérdese de las personas que han significado mucho para usted. ¿A quiénes ha expresado plenamente su estima? Póngase a comunicarse con ellos, por teléfono, por correo y en persona, para dársela a saber. En vez de comprar tarjetas impresas para las fiestas o los aniversarios, escriba cartas, expresando en ellas cuánto significa para usted su relación con esa persona. Recuerde expresar su estima a lo largo del día, siempre que parezca adecuado. Márquese un objetivo de tantas personas al día a las que felicitará.

Como experimento y como desafío, acerqúese a una persona y dígale: «Quiero manifestarte mi estima ahora mismo...», sin saber de antemano lo que va a decir a continuación.

Si ha perdido el contacto físico con alguna persona, o si alguien ha muerto, todavía puede manifestar su estima. Recuerde a esa persona tan víwvidamente como pueda, y piense en ella, hable con ella o escríbale.

Cuando usted irradie amor, no lo haga para que nadie se sienta mejor, ni para que nadie piense mejor de usted, ni para ser buena persona. Hágalo por el mismo motivo por el que brilla el sol, por el que florece la rosa, por el que canta el jilguero: porque rebosan de la energía de amor del universo.

Práctica 60

FOMENTE SUS RELACIONES PERSONALES PRINCIPALES

El amor es lo que has pasado con otra persona.

JAMES THURBER

Cuando usted comparte sus actividades con otra persona, construyen juntos una relación, que existe en sus recuerdos de los hechos que han compartido. Su elección de actividades compartidas es la materia prima de estos recuerdos. Por lo tanto, procuren fomentar su relación dedicando tiempo a hacer juntos cosas positivas, para que resulte fácil estimar los recuerdos. Evite crear recuerdos negativos que representen un estorbo.

Esta práctica consiste en sentarse a pensar seriamente en cada una de sus relaciones personales principales, para descubrir en qué grado la está fomentando usted. ¿Cuánto tiempo pasan juntos en persona, por teléfono, por correo? ¿Qué calidad tiene la atención que se prestan mutuamente durante ese tiempo? ¿Cuál es el equilibrio entre los hechos agradables que comparten y los desagradables? ¿De qué manera se puede autoafirmar usted para hacer que la relación sea más positiva, más íntima, que se fomente mutuamente mejor, para que viva en recuerdos que sean fáciles de amar?

Después, háblelo con la otra persona, para establecer un acuerdo de volver la relación más positiva, más llena de amor. Cuando lleguen a un acuerdo, felicítense a sí mismos por haber tomado en sus manos la calidad de su relación y su fomento, en vez de haberla confiado a la suerte. La afirmación de este tipo de responsabilidad produce como beneficio una vida llena de amor y de satisfacciones.

No todas sus relaciones son de amor. De hecho, algunas de ellas pueden provocarle unos recuerdos tan negativos que le dejan poco tiempo o energía para hacer nada positivo. A continuación, examinaremos cómo se puede llevar paz a las relaciones de ese tipo.

> *Esparce amor por donde vayas: en primer lugar, en tu propio hogar. Da amor a tus hijos, a tu esposa o a tu marido, al vecino de al lado... Que nadie que se acerque a ti se vaya sin sentirse mejor y más feliz. Sé la expresión viva de la bondad de Dios: bondad en tu rostro, bondad en tus ojos, bondad en tu sonrisa, bondad en tu saludo caluroso.*
>
> MADRE TERESA

9

Mantener en paz sus relaciones personales

Sufrir una injuria no es nada a no ser que nos empeñemos en recordarla.

CONFUCIO

Ama a tu vecino, aunque toque el trombón.

PROVERBIO JUDÍO

El enfrentamiento en una relación personal equivale a un *no* de corazón. En una relación combativa, los recuerdos negativos le dirigen la atención una y otra vez hacia esa persona, le bloquean el amor por ella y, al mismo tiempo, le impiden amar a ninguna otra persona o cosa.

Este capítulo contiene una serie de prácticas para llevar paz a una relación en cuanto se advierte la negatividad; para terminar con el miedo, la ira, el dolor, el arrepentimiento, el resentimiento, la acusación, la vergüenza y la culpabilidad. Los beneficios (aprender las lecciones que ofrece la relación, liberarse para seguir adelante y descubrir el amor que puede estar oculto) bien valen la pena.

Las relaciones: de guerra y de paz

Lo que fue es la muerte de lo que es... Comprender es vivir con «lo que es». No quiere decir contentarse con «lo que es». Al contrario.

J. KRISHNAMURTI

Muchas de sus relaciones son tratos fijados por sus papeles con respecto a las demás personas: hijo, padre, hermano, alumno, maestro, colega, compañero sexual, cónyuge, compañero de partido de béisbol, trabajador, consumidor, proveedor. En cada una de estas relaciones se han producido muchas ocasiones en las que usted y la otra persona se hicieron daño y se decepcionaron mutuamente. Sus padres y sus hermanos no fueron más que los primeros que le ofrecieron unas relaciones cargadas de dolor y de decepciones, en las que tanto ellos como usted cometieron errores, costosos a veces.

Para amar más profundamente a las personas que intervienen en su vida, tendrá que hacerlo a pesar de sus recuerdos vívidos de las ocasiones en que no han sido merecedores de amor. Las personas descubren muchas maneras de hacerse daño las unas a las otras. Cuando le hacen daño a usted, siente el dolor, lo interpreta, dramáticamente muchas veces, y lo recuerda. Se aferra a sus recuerdos de lo que le hicieron, de lo que hizo usted a su vez y de lo que quiere decir todo ello. Usted se queda resentido con ellos, y les echa la culpa, y también se la echa a usted mismo.

El enfrentamiento en una relación le impide vivir cada momento como un momento nuevo, porque el recuerdo o la visión de la otra persona le desencadena reacciones mecánicas de negación, ira, acusación, depresión, culpabilidad, «cómo pude», «cómo pudiste», «si tan solo...», arrepentimiento, resentimiento, rectitud, tristeza, vergüenza, impotencia y error. Su conflicto lo separa de la otra persona, y al quedar atrapado por la idea de que tiene la razón y el otro se equivoca, usted puede justificar incluso las conductas más destructivas. Parece imposible amar a personas que nos hacen daño y nos decepcionan. Pero es el único tipo de personas que existe. En último extremo, las personas no son ni buenas ni malas: las personas son humanas. Una de las habilidades del arte de amar es aceptar ese hecho y mantener en paz nuestras relaciones personales.

Mantener la paz con nuestra madre no quiere decir que ya no nos vaya a influir nunca más. Nuestra madre nos influye, por supuesto. En realidad, todas nuestras relaciones personales nos influyen. Tampoco quiere decir que le permitamos que dirija nuestra vida. Quiere decir, más bien, que no reaccionaremos ante alguien que nos recuerde a ella como si esa persona fuera verdaderamente nuestra madre. No intentaremos conseguir algo de los demás para compensar lo que no nos dio nuestra madre. Aceptaremos las responsabilidades de nuestra vida momento a momento, en vez de echar la culpa de nuestros problemas a lo que ella nos hizo. Renunciaremos a gritarle «no». Es posible que jamás sustituyamos ese no por un sí, pero por lo menos dejaremos de llenar nuestra vida con el no.

Hacer las paces con alguien no quiere decir que esa persona las vaya a hacer con nosotros a su vez. Por mucho que lo deseemos, no podemos obligar a nadie a que haga lo que queremos. Pero podemos estar en paz con esa persona aunque ella esté saltando de ira contra nosotros. Por supuesto, si nos ataca físicamente, la esquivaremos. Pero es posible esquivar conservando la paz, como lo demuestran todos los días las incontables personas que practican las artes marciales.

Hacer las paces no quiere decir que la persona nos tenga que agradar. Puede desagradarnos intensamente lo que hace, pero seguir en paz. Podemos decidir no pasar tiempo juntos. Robert Waterman sugirió esta bendición callada para esas personas: «Te amo —que Dios te bendiga—, y ahora, por favor, márchate». Decidir pasar tiempo con una persona es muy distinto de decidir hacer las paces con esa persona.

Las relaciones consisten en *recuerdos selectivos e interpretaciones coloreadas emocionalmente* del pasado. Sus relaciones con su madre, por ejemplo, pueden no parecerse en nada a las de ella con usted. Puede que tengan poco que ver con lo que sucedió físicamente entre ambos, pues sus recuerdos pueden ser inexactos, limitarse a una parte mínima de los hechos que sucedieron entre los dos, o pueden estar interpretados de maneras muy especiales. Las relaciones no son estáticas; cambian con cada recuerdo y con cada interpretación. Pero las relaciones tienen algo de convincentes, algo que nos hace sentirnos seguros de que nuestra experiencia en este momento es la única que podríamos sentir de cualquier manera, dadas las circunstancias de nuestra vida.

Usted mantiene muchas relaciones: con personas, con animales, con objetos, con grupos, con hechos, con su imagen de sí mismo, con su imagen de Dios. Mantiene relaciones con seres que ve con frecuencia, con seres que ve rara vez, con seres que solo ve en el pasado, o con seres de los que oye hablar pero que nunca ha visto.

Si le resulta fácil mantener en paz sus relaciones, dé gracias. No todo el mundo tiene esa bendición. Puede que no sea fácil (puede exigirle fuerza de voluntad, creatividad y paciencia) realizar estas prácticas para hacer las paces y mantenerlas en sus diversas relaciones personales. Quizá tenga que volver con frecuencia a alguna práctica determinada. Si es capaz de imaginarse cómo será la vida cuando esté en paz en todas sus relaciones, incluso en las más enloquecedoras, *sabrá* que la labor habrá valido la pena.

Práctica 61

DESCUBRA SUS NOES DE CORAZÓN

El amor... no recuerda las injurias.

SAN PABLO

En esta práctica, usted reflexiona sobre las muchas relaciones que ha establecido a lo largo de su vida para localizar aquellas en las que se producen enfrentamientos. Algunas de sus relaciones diarias pueden ser tan negativas que se le vendrán enseguida a la cabeza. Así, es posible que ni siquiera tenga que realizar esta práctica para descubrir sujetos para paces futuras.

Repase su vida, desde que era pequeño hasta el presente, para descubrir qué relaciones pueden arrastrarlo hacia ellas con un *no* cargado de emociones. ¿Con quién siente ira, miedo, vergüenza? Para recoger más respuestas, encabece en su diario columnas con las preguntas: «¿Qué / a quién no estoy dispuesto a perdonar?» y «¿Qué / a quién estoy dispuesto a perdonar? Muévase entre estas dos preguntas, dejando que le desencadenen las respuestas que surjan.

Busque restos de enfrentamientos en cada una de sus relaciones principales, como son las que mantiene con sus padres, hermanos, compañeros de habitación, amigos, jefes, compañeros sentimentales, cónyuge e hijos. Para cada persona, encabece dos columnas con el título: «¿Qué estoy / no estoy dispuesto a perdonar a N.?». Para cada persona, prepare una lista de incidentes concretos que le vengan a la cabeza cuando piense en él o en ella. Identifique las emociones que surgen cuando usted se siente arrastrado hacia esta relación. Determine si su enfrentamiento se dirige contra la otra persona, contra usted mismo, o contra ambos.

Práctica 62

RENIEGUE Y ECHE PESTES

Solo cuando sea plenamente capaz de decir «no» será capaz de decir «¡sí!» con todo su ser.

WILLIAM ASHOKA ROSS

El propósito de esta práctica es elegir una relación de enfrentamiento y dramatizarse a sí mismo el dolor, la amargura, la ira, la condenación y los sentimientos de superioridad que le evoca. Cuando le den vueltas por la vida *noes* de diversas formas, recurra a esta práctica para darles forma dramatizada con seguridad, para llegar más allá de ellos y aprender de ellos. No puede hacer las paces a base de amontonar sus sentimientos negativos en un rincón de la mente simplemente porque crea que no debe albergar esos sentimientos. A base de sentir deliberadamente los sentimientos negativos y exagerarlos empieza a controlarlos.

Elija una relación sobre la que aplicar esta práctica. Escriba en su diario una condenación de la persona en cuestión, escandalosamente airada, condenatoria y llena de sentimientos de rectitud herida. Exprese plenamente su dolor y todos sus juicios de valor negativos. No se guarde nada. Lea su texto varias veces; si es posible, léaselo en voz alta a un amigo.

Es sorprendente lo intensas que pueden llegar a ser las emociones que se sienten al hacer esto. Todos estos sentimientos son comprensibles, y usted no es una mala persona por albergarlos. La cuestión es si está dispuesto a quitarles el control y a tomarlo en sus propias manos, y a hacer lo necesario para establecer la paz en la relación.

Los hechos forman parte del pasado. No se pueden deshacer de ninguna manera. Pero el pasado no provoca enfrentamientos: usted mantiene sus enfrentamientos en el presente, hoy. Su *no* de hoy procede de la disparidad que usted aprecia entre lo que sucedió y lo que usted cree que debería haber sucedido. Su interpretación de esta disparidad carga las emociones: el juicio de valor, lo bueno y lo malo, la acusación, la vergüenza, la culpabilidad, las expectativas (las exigencias no cumplidas que suelen venir en forma de «deberías» y «tendrías que»), el perfeccionismo, las excusas, el aferrarse, las negaciones, lo acertado y lo equivocado, el catastrofismo (la afirmación de que algo es espantoso, horrible, terrible), el gana-pierde, y el acuerdo dramático con los amigos y con los parientes.

Existen tres caminos de amor para liberarse de la disparidad entre su interpretación del pasado y sus exigencias:

1. Interpretar el pasado de manera más favorable para acercarlo a sus exigencias.
2. Moderar sus exigencias para ajustarías al pasado.
3. Renunciar a los juicios de valor o a las exigencias sobre el pasado.

El resto de este capítulo se dedica a practicar estos caminos. Con estos tres métodos puede hacer las paces con cualquier suceso de su vida, por violento y doloroso que haya sido. Y, a la inversa, al aferrarse a los relatos dramáticos y a las exigencias elevadas, puede declarar la guerra a cualquier suceso de su vida, por no violento e indoloro que fuera.

La compasión

La compasión es la capacidad de ver cómo es todo.

RAM DASS

La compasión es una manera de interpretar a alguien. Con la compasión vemos la conducta de la persona en el marco de la situación general difícil en la que vive. La compasión se aleja del mundo de la gente buena o mala, o de las obras buenas o malas, del mundo llamado realista que nos enseñan los medios de difusión y se refuerza en nuestras conversaciones diarias. Para tener compasión, damos calor al modo en que interpretamos los incidentes de nuestras relaciones, y nos negamos a encasillarnos por el relato frío y duro como si fuera *el único relato verdadero* de los hechos. Esto es así incluso cuando resulta evidente que ese relato es verdadero, y cuando todos nuestros conocidos están de acuerdo con nosotros en que es verdadero.

Un hecho nunca exige un significado concreto. Dado que el significado es la experiencia de las relaciones, usted es libre de crear el significado de un hecho con cualquier relato que lo relacione con alguna otra cosa. Si su marido faltó una vez a su confianza, este incidente no exige que usted lo califique de persona indigna de confianza, y, por lo tanto, de mala persona. No quiere decir que sus relaciones o su vida hayan quedado arruinadas por aquella falta a su confianza. Puede considerarlo, por ejemplo, como un hombre que, como han hecho tantos otros antes que él, se dejó llevar por el niño que lleva dentro para conseguir atención, aprobación o placer. Puede renunciar a condenarlo por sus rasgos infantiles; algunos de ellos pueden incluso resultarle deliciosos.

Por negativas que sean sus circunstancias, existen puntos de vista y relatos llenos de compasión, seguramente menos dramáticos, que se pueden aplicar a los mismos incidentes. No es preciso que usted renuncie a su interpretación actual. Simplemente, esté dispuesto a poner otras a su lado, a llevarse una parte de su fuerza y a demostrar que existe donde elegir.

Práctica 63

CONTEMPLE A LA OTRA PERSONA CON COMPASIÓN

> *Si pudiéramos leer la historia secreta de nuestros enemigos, encontraríamos en la vida de toda persona las suficientes penas y sufrimientos como para desarmar cualquier hostilidad.*
>
> HENRY WADSWORTH LONGFELLOW

Reflexione sobre cómo llegó la persona en cuestión a ser como es o como era. Piense en su nacimiento, en sus genes, en sus padres y en su familia, y en cómo fue su infancia para él. Véalo como un ser humano corriente, capaz de cometer errores, confuso, que lucha por la vida. Considere la sociedad en la que nació y se crio, su cultura, su entorno, toda la historia que lo hizo entrar en la vida de usted e hizo que fuera natural que se comportase como se comportó.

Considérelo en relación con la vida *de él,* más que con la de usted. Véalo tal como se vio él a sí mismo. Describa desde el punto de vista de él algunos de los hechos cargados de negatividad. Vea sus esperanzas y sus miedos, sus seguridades y sus inseguridades, sus bendiciones y sus limitaciones; sus sensibilidades y sus faltas de sensibilidades, sus metas, sus alegrías y sus tristezas. Haga lo mismo con sus padres y con las demás personas que son importantes para él. Vea cómo los errores cometidos por una generación de personas sujetas a error se pasaron a la generación siguiente, y así sucesivamente, hasta que llegó él.

No olvide apreciar las cualidades que vea en él y que a usted le agraden. Advierta cómo su conducta, por molesta que fuera, fue completamente humana. Todos tenemos defectos, todos tenemos éxitos y fracasos, todos apretamos y aflojamos, sumando siempre nuestra parte a esa gran media estadística que es la humanidad.

La compasión no supone renunciar al conocimiento de que la otra persona nos hizo daño. A lo único que renunciamos es a la insistencia dramática en lo equivocados que estuvieron sus actos. La compasión supone interpretar su conducta a la luz de una comprensión más amplia de su humanidad, de cómo los seres humanos tienden a hacerse daño y a decepcionarse mutuamente. Usted puede comprender lo natural que fue que esa persona concreta se comportase de tal modo que causara daño a los demás. Por desgracia, al que encontró por delante fue a usted.

Práctica 64

VUELVA A ESCRIBIR LA HISTORIA DE LA OTRA PERSONA

La verdad es aquello que da resultado.

BUDA

Esta es una práctica de la compasión. Usted vuelve a escribir deliberadamente la historia de uno o más de los incidentes principales con la otra persona. Modifica las circunstancias, sustituyendo lo que sucedió *de verdad* por lo que podría haber sucedido *idealmente*. Basándose en su compasión por la persona, se la imagina comportándose de la mejor manera posible, de una manera que habría dado resultado, que habría conseguido lo que su compasión le dice que la persona deseaba, con solo que hubiera estado abierta y llena de amor en vez de cerrada y llena de temor.

Si la otra persona en cuestión es su padre o su madre, vuelva a relatar los incidentes tal como le gustaría que hubieran sido sus padres con usted. Por debajo de los insultos, los juicios de valor, los miedos y las mentiras, está el amor que su progenitor quería compartir con usted por encima de todo. Déjele expresar ahora ese amor en su imaginación. Juegue con él, visualícelo con sus muchos detalles. Saboréelo, huélalo, tóquelo, véalo. Escríbalo en su diario.

Siempre que le venga a la cabeza el incidente *real,* cotéjalo con su incidente reescrito. Tenga compasión por la incapacidad de la otra persona de crear la alternativa ideal. Piense en la alternativa, en vez de en el hecho *real.* Reconozca a la persona buenas intenciones, reconózcale que quiso optar por la alternativa de amor, pero que no consiguió encontrar el camino.

Práctica 65

VUELVA A ESCRIBIR SU PROPIA HISTORIA

Siente a todas las personas (o todas las cosas) de tu vida como maestro o como amante.

KEN KEYES, HIJO

Todos los hechos tienen aparejadas lecciones si sabemos buscarlas activamente. Siempre que se encuentre con alguna cosa que crea que le resulta imposible amar, eso deberá servirle de mensaje para que busque la lección: estará allí, en alguna parte.

Esta es una práctica de la compasión por sí mismo. A través de ella, puede aprender las lecciones que contienen sus relaciones personales. Vuelva a imaginarse a sí mismo en el mismo incidente de antes, solo que esta vez usted responde, se comporta, piensa y siente del modo que usted siente ahora que habría sido el mejor. Si usted fuera a vivir de nuevo la misma experiencia, pero esta vez maduro, con confianza en sí mismo, independiente e iluminado, ¿cómo se comportaría? No se limite a sí mismo en modo alguno; otórguese todas las capacidades que requiera la situación. No se limite a desear que no se hubiera producido la experiencia; no diga, por ejemplo: «La lección que aprendí es la de que jamás debo fiarme de los hombres; así, jamás hubiera estado allí con él siquiera». En vez de ello, póngase usted en ese lugar, haga que se comporte como se comportó, pero varíe el modo en que *usted* reaccionó, y anote en su diario sus descubrimientos.

Ahora, tendrá por lo menos tres relatos a partir de los cuales podrá interpretar el incidente: aquel en que usted reescribió su historia, aquel en que reescribió la historia de la otra persona y el primitivo que le afectó a usted.

Discuta la lógica de su relato habitual, que lo mantiene lleno de autocompasión («de qué manera tan injusta he sufrido»), ira («no deberías haber hecho eso») o depresión («estoy fatal, y no hay esperanzas»). Por ejemplo, podría estarse diciendo a sí mismo: «No es justo haber tenido unos padres tan crueles». Si es así, respóndase con lo siguiente: «Por supuesto que no es justo, pero es que el mundo no es justo. Algunos chicos tienen padres ganadores, otros tienen padres perdedores, y la mayoría tienen padres corrientes». Después de haber vivido los hechos con esta persona, después de haber recibido lecciones (lecciones duras, quizá) y de haber aprendido de ellas, ¿qué más puede hacer ahora para tener más compasión y para amar más intensamente?

Práctica 66

HAGA LAS PACES CON LAS EXIGENCIAS DE LOS DEMÁS

La mayor parte de las alteraciones humanas son exigencias de algún tipo.

ALBERT ELLIS

Llevar paz a las relaciones personales quiere decir renunciar a las exigencias sobre los demás apoyadas por las emociones. Por desgracia, los demás no renuncian a exigirle a usted. El mundo está lleno de exigencias, disfrazadas muchas veces de expectativas (una expectativa no es más que un deseo más una exigencia), algunas verbalizadas y otras mudas.

Los padres adoptan la costumbre de hacer exigencias a través de su papel de imponer disciplina a sus hijos y de enseñarles la cultura, y los hijos se acostumbran a reaccionar. Ambos hábitos se arrastran el resto de la vida, y la gente considera que es totalmente correcto hacerse exigencias los unos a los otros. El cambio de posición de niño a adulto es duro para usted y para sus padres. El éxito en alcanzar las metas de *usted* puede suponer la pérdida de las de ellos. Se requiere compasión por ambas partes, y *usted* puede ser el único que es capaz de tenerla.

Vive en un mundo en que muchas personas le imponen deseos y exigencias. Prepare una lista de todas estas personas (vivas o muertas) y sus expectativas concretas para con usted que recuerde ahora. Su meta es hacer las paces con todas las exigencias de su lista, ver los deseos y las exigencias formando parte del mundo, como la lluvia y la gravedad. Es verdad que la gente puede dejar de formular exigencias, mientras que la gravedad no puede detenerse. Pero esas personas no han renunciado a sus expectativas, y nada indica que vayan a renunciar a ellas. Forman parte de nuestro mundo, de modo que usted bien puede aceptarlas con calma. No es necesario que usted reclame que dejen de hacer exigencias, aunque puede hacerles saber que usted es una persona adulta y libre y puede tomar sus propias decisiones.

Algunas veces, usted tomará tranquilamente sus propias decisiones y no hará lo que quieren ellos. Tendrá que contemplar con compasión, y quizá con tristeza, su falta de disposición a admitir que usted es una persona adulta y libre. Puede verse obligado a contemplar pacíficamente cómo unas personas a las que respeta y ama se alteran sin necesidad por lo que hace usted, echando la culpa de su alteración a usted, en vez de a sus propias exigencias.

En ocasiones, usted decidirá hacer lo que ellos quieren. De hecho, sus deseos pueden ser el peso que incline la balanza en su decisión. Pero siempre que acepte las exigencias de alguien, sepa bien que la decisión es de usted. *Usted no está obligado a ello. Usted decide hacerlo.* Entonces, y solo entonces, será capaz de detener el no de corazón del resentimiento y de la lucha.

El perdón

> *El amor es un acto de perdón eterno, una mirada tierna que se convierte en hábito.*
>
> PETER USTINOV

Perdonar quiere decir hacer las paces. Usted renuncia a sus exigencias sobre cómo debería haber sido el pasado, y así renuncia a la ira, al resentimiento y al deseo o a la pretensión de castigar. El perdón no es una cuestión de cambiar los hechos. Lo que sucedió, sucedió. Tampoco es un motivo de cambiar el modo en que ha interpretado los hechos hasta ahora. Eso también forma parte del pasado; fue la causa de la guerra que ha mantenido hasta ahora. El perdón quiere decir que usted se sacude de encima el pasado, como si fuera polvo, aprende la lección si la hay y sigue viviendo. Al fin y al cabo, se puede apreciar el pasado, aprender de él o disgustarse por él, pero lo que no se puede hacer es cambiarlo.

La renuncia a las exigencias sobre el pasado no supone renunciar a hacerse valer en el presente y el futuro. El hecho de hacerse valer no es una exigencia; es trabajar para asegurarse de que suceda lo que queremos que suceda. Es posible hacer las paces con el hecho de que alguien nos pegó la semana pasada, y al mismo tiempo resistirse y hacerse valer para que no nos pegue hoy.

Olvidar no es un soborno que se entrega a la otra persona para que mejore su conducta en el futuro. Es muy posible que mejore su conducta al modificar usted el modo de sentirse y de actuar con él. Pero no cuente con ello.

Práctica 67

DECIDA SI ESTÁ DISPUESTO A PERDONAR

Se ha dicho que la conservación de la especie se debe a que el hombre sabe perdonar.

EL MAHABHARATA

Pregúntese a sí mismo si está dispuesto a llevar la paz a esta relación. Reflexione cuidadosamente, por escrito quizá, antes de responder, enumerando los pros y los contras. Sepa que la paz significa renunciar a la dramatización de la razón que tiene usted y de lo equivocada que está la otra persona. Renunciará a esta manera de justificar su sufrimiento y el no conseguir lo que desea. Renunciará a este tema de conversación, a esta fuente constante de simpatía y apoyo por parte de los demás. Pero también renunciará al resentimiento sobre el que gira su vida, que envenena esta relación y otras, que le impide amar y aprender con toda la plenitud que permite esta vida. Estará haciendo valer su responsabilidad sobre la construcción de su vida como usted quiere que sea, y no como reacción a circunstancias pasadas.

Escriba su respuesta como una declaración de intenciones: «Me propongo hacer lo que sea necesario para perdonar a N.». Cuando mayor sea su determinación de hacer las paces, antes las hará. Su declaración de intenciones le sirve de compromiso, al que puede referirse y aferrarse en el futuro, si sus progresos lo desaniman.

No tiene nada de malo no estar dispuesto a hacer las paces en una relación. Puede que todavía no haya llegado el momento. Si usted no está dispuesto a hacer las paces, escriba una declaración como respuesta a esta pregunta: «¿Cuándo será el momento adecuado para que yo haga las paces con N.?». Vuelva de vez en cuando a esta página y póngala al día. Que le sirva de recuerdo de que en su camino de amor se contiene este no de corazón que espera a ser curado.

Esto resulta valioso para evaluar sus responsabilidades en las relaciones de enfrentamiento: la guerra entre ustedes no sigue porque la otra persona fuera demasiado testaruda como para hacer las paces con ella, sino porque usted ha decidido seguirla y sigue decidiéndolo a cada momento.

Práctica 68

RENUNCIE A TENER LA RAZÓN Y A CONSIDERAR EQUIVOCADOS A LOS DEMÁS

¿Qué prefieres: tener la razón o ser feliz?

UN CURSO EN MILAGROS

El lenguaje de lo correcto y lo equivocado alimenta la guerra. El análisis de los hechos sobre el eje correcto/equivocado hace imposible el amor. «Estuvo mal hecho por tu parte mentir así anoche.» «Tuve la razón cuando grité a Suzy.» Lo *correcto* y lo *equivocado* son maneras pomposas de etiquetar lo que nos gusta y lo que no nos gusta para convencernos a nosotros mismos y a los demás de que son las preferencias de Dios. A base de atención, podemos arrancar el lenguaje de lo correcto y lo equivocado de nuestro habla interior.

Observe su vida durante la próxima semana y registre cada ocasión en la que se siente a sí mismo como correcto o como equivocado. Advierta las circunstancias y lo que le dice su voz interior.

«Esto es correcto y eso está equivocado»: la voz que nos habla así no es una revelación superior. No es más que una voz interior: una entre muchas. Y *usted* no es esa voz; usted es la persona que la escucha, capaz de valorarla según su corazón, capaz de decidir no hacerle caso, seguir pensando en ella o basarse en ella para actuar. Cuanto más escuche esas voces cargadas de sentimientos de justicia sin tomarlas en serio, más compasión sentirá hacia todas las personas que viven sus vidas con una charla tan confusa y contraproducente en sus mentes.

Mire en su interior para descubrir si le produce algún placer condenarse a sí mismo, y sentir lástima por sí mismo, acariciándose las heridas. Pero ¿no es un placer amargo y poco satisfactorio? Su coste es la confusión de unas relaciones enfrentadas, y la persona a la que castiga verdaderamente cuando no quiere perdonar es usted mismo.

Aunque su corazón lo incita al perdón, puede oír una voz en su interior que le dice que debe seguir diciendo *no* porque le está bien empleado. Debe castigarlo, en nombre de la justicia. El hecho de que esa persona hiciera en el pasado lo que hizo es tan ofensivo en el presente que usted deberá seguir gritando *no.* Refute con calma esta voz que le incita a que sienta una especie de venganza fuera de lugar. Dígale que no tiene nada de noble formular exigencias respaldadas por emociones de que el mundo sea de alguna manera que evidentemente no es. A base de exigencias, lo único que consigue es añadir su propia guerra a un mundo que ya tiene bastantes.

Por último, renuncie a tomar en serio las voces que le hablan de lo correcto y lo equivocado; no porque la conducta de la otra persona no estuviera equivocada, sino porque usted está decidido a perdonar. Las voces interiores no son capaces de sobrevivir si usted no les presta atención. Cuando escuche la voz que le habla de enfrentamiento, dirija su atención a otras cuestiones.

Práctica 69

PERDONE

Recuerde, a usted no tiene por qué gustarle su «obra». A los que ama es a los actores.

KEN KEYES, HIJO

Cuando usted niega su «sí» porque le queda un resto de «no», y quiere estar absolutamente seguro de haber barrido toda la oscuridad antes de pedir su Luz, yo le pediría que no fuera tan perfeccionista.

EMMANUEL (PAT RODEGAST)

Esta práctica consiste en el perdón; consiste simplemente en dejar que el pasado se quede en el pasado y plantearse la vida en el presente, libre de cualquier *no* del pasado. Que no le sirva de obstáculo la palabra *aceptación.* Aceptar el pasado no quiere decir aprobarlo. Quiere decir, simplemente, no luchar contra él.

Escriba en su diario una declaración de perdón. Incluya concretamente todos los grandes sucesos negativos que le vengan a la cabeza. Afirme, le apetezca o no, que ha renunciado a todas las exigencias sobre cómo debería haber sido el pasado; que renuncia a la ira, al resentimiento y al deseo o a la pretensión de castigar. Incluya su comprensión de que el perdón no tiene nada que ver con la otra persona, sino únicamente con los juicios y las exigencias *de usted.* Esta declaración es una elección suya, un compromiso suyo, una visión que le servirá de guía en el futuro. Puede que usted no siempre la recuerde ni ciña a ella su conducta, pero siempre estará allí para volver a conducirlo hasta su camino de amor.

Lea a otras personas su declaración. Eso le dará más veracidad. Pídales su apoyo para ayudarle a mantener su decisión de perdonar. Eso quiere decir que le recordarán calladamente su perdón cuando parezca que a usted se le ha olvidado.

Si usted se encuentra con que ha aceptado intelectualmente algún suceso pasado, pero no emocionalmente, eso quiere decir que lo acepta de vez en cuando. Quiere decir que tiene deseos de aceptarlo siempre. Para ello, limítese a afirmar que acepta el pasado como pasado, de una vez por todas. Si se vuelve a encontrar arrastrado hacia el *no* familiar de esa relación, vuelva a afirmar inmediatamente que, sencillamente, *no va* a permitirse el enfrentamiento. Usted controla el lugar donde coloca su atención, y con la práctica lo hará mejor.

Práctica 70

BUSQUE EL AMOR

Mi buen padre se puso furioso
cuando corté la peonía.
¡Bello recuerdo!

TAIRO

La persona con la que mantenía el enfrentamiento pudo haberle causado mucho dolor. Pero dentro de esa persona hay un hombre o una mujer, un muchacho o una muchacha, que quieren amar y ser amados. En algún lugar de usted mismo se encuentra, muy probablemente, la capacidad de recordar o de crear algo de amor hacia él o hacia ella. Al fin y al cabo, el amor de usted es, probablemente, el anzuelo que sigue atrayéndolo hacia su relación de conflicto. Si usted no tuviera amor, si no tuviera sentimientos positivos hacia esa persona, enterrados bajo el dolor, lo más probable es que se hubiera quitado de la cabeza todo el asunto hace mucho tiempo. Pero el amor está enterrado y, si asoma, usted siente que debe ocultárselo a sí mismo, para poder hacer justicia a los sentimientos negativos.

En esta práctica, busque deliberadamente afecto, estima, cariño, agrado: todo lo que pueda encontrar mientras escribe en su diario.

Quizá tenga que buscar mucho para encontrar rasgos que pueda apreciar, y quizá tenga que hacer un verdadero esfuerzo para apreciarlos. Quizá no encuentre ninguno. Eso no es malo, de ningún modo. Quizá los encuentre más tarde, quizá no. Puede que la conducta que le desagradó tanto fue la máxima manifestación de amor que pudo hacerle esa persona en ese momento dado. Es triste que una persona pueda bloquearse tanto, pero esa es la desgracia de él; lo único que sucedió es que la vida de usted se enredó con la de él.

Mientras usted hace esto, puede sacar a la luz nuevos aspectos de resentimiento, ira o temor. En ese caso, añádalos a la lista de la práctica 62, para trabajar con ellos más adelante.

Práctica 71

COMUNIQUE LO QUE TIENE QUE DECIRSE

Una estúpida constancia es el duende de las mentes pequeñas... Di lo que piensas ahora con palabras sólidas, y mañana di lo que pienses mañana, también con palabras sólidas, aunque contradigan todo lo que dices hoy.

RALPH WALDO EMERSON

Normalmente, lo que impide la paz en una relación es una comunicación que no se ha llegado a hacer jamás. «Nunca le dije que lo amaba.» «Nunca le di las gracias.» «Nunca le dije cuánto me molestaba aquello.» «Nunca le dije que no volvería a llamarla.» Nunca es demasiado tarde para comunicarse si su objetivo es simplemente hacer las paces, dejar atrás las responsabilidades pasadas, y no es hacer que la otra persona modifique su conducta. Es posible que lo que tiene que decir antes de hacer las paces se contradiga con lo que ha dicho antes. Razón de más para decirlo.

Limítese a hacerlo: cara a cara, por teléfono, por carta, por telepatía, como pueda. Si la persona está desaparecida o muerta, también puede hacerlo. Exprésese en una carta, aunque no pueda enviarla. O cierre los ojos, imagínese a la persona a su lado, y hable.

En las comunicaciones negativas, mantenga primero una conversación visualizada, o represéntela con un amigo. Puede hacer que la imagen de la otra persona le responda, de una manera impensada a veces. En la conversación, la persona puede escuchar su mensaje y establecer la paz en su parte de la relación. Así puede expresar lo que quiera, ensayar lo que pueda decir más adelante en persona, y cubrir una gran variedad de emociones: odio, ira, amor, perdón, resentimiento, estima o agradecimiento. Practíquelo: da resultado. Cuando llegue a mantener su comunicación negativa en persona, sea delicado. Recuerde: esta práctica forma parte de la compasión y del perdón; no equivale a un permiso para descargar su ira.

Práctica 72

CELEBRE LA RELACIÓN DE PAZ

El bien crece con mayor abundancia cuanto más se comunica.

JOHN MILTON

Cuando usted hace las paces en una relación de enfrentamiento, suele sentir alegría o gratitud hacia la otra persona, hacia usted mismo, por lo que ha aprendido, o por el mundo. Para atizar un pequeño rescoldo de esa experiencia hasta convertirlo en una hoguera, celébrela, disfrútela, goce de ella y comuníquesela a alguien. Comparta el triunfo de su relación, ya pacífica; que la otra persona o el mundo sepan cómo se siente usted.

Su propósito único es ratificar su propia celebración y aportar más amor al conjunto total de los tratos humanos. Compartir algo lo hace real. Si ama a alguien y se lo dice a esa persona o a otra, suele amar con mayor riqueza. Incluso cuando la persona reacciona apartándolo de sí con un desprecio defensivo, su acción de compartir ha cumplido su propósito.

Reconozca lo fuerte que se ha hecho por medio de antigua relación de enfrentamiento, ahora pacífica, con todo lo mala que era. Celébrelo: «Un brindis por el papel que desempeñó en mi vida esta persona. Los pade cimientos de esa relación me han traído hasta donde estoy ahora. Y lo agradezco».

Práctica 73

MANTENGA EN PAZ SUS RELACIONES

El amor cura a las personas: a las que lo dan y a las que lo reciben.

KARL MENNINGER

Y debemos soplar la vela, apagar la luz y volver a encenderla; debemos apagar siempre la llama y siempre encenderla.

T. S. ELIOT

Nunca se pueden hacer las paces de una vez para siempre. Solo se pueden hacer las paces de momento, por ahora. Es una trampa creer que basta con una vez; creer que, como usted hizo tanto ayer por sentirse en paz con su padre, hoy no va a odiarlo. Cuando se encuentre a sí mismo odiándolo hoy, existe el peligro de rendirse y decir: «Es inútil; supongo que tendré que odiarlo siempre. Es odioso». En vez de ello, puede decir: «Ayer lo conseguí, de modo que hoy será más fácil, pues ya tengo práctica».

Cultive el hábito de la paz, de modo que cuando alguien se comporte de una manera que solía desencadenar en usted su no de corazón, se encuentre preparado para ello. Queda en paz, y tiene la oportunidad de amar.

Adopte la postura de que ama a todas las personas que intervienen en su vida. Así, si, por ejemplo, su hijo se comporta mal, usted jamás duda de su amor. Su postura disipará las dudas que surgen por su mala conducta. No recurra a las circunstancias negativas inevitables para invalidar el amor. El amor suele suponer afirmar un sí ante un no por parte de sus amigos y de sus parientes. Si para amar espera a que sus vecinos le den su aprobación, puede pasarse toda la vida esperando. Sus vecinos están esperando a que usted abra la marcha. Por medio del amor, usted cambia su sociedad, que aporta a su vez más amor a la naturaleza humana.

Cada una de sus relaciones es una invitación: a mantener la paz, a desarrollarse, a aprender, a cambiar la sociedad y a construir un planeta pacífico y lleno de amor. ¿Conocemos verdaderamente nosotros, unas criaturas tan pequeñas y dignas de amor, las ondas que levantan a través del universo nuestras lágrimas de amor?

Los dedos y las cuerdas no abarcan la realidad última de la música.

RABINDRANATH TAGORE

10

El amor en las crisis

No se puede pulir el diamante sin frotamientos, ni se puede perfeccionar el hombre sin padecimientos.

PROVERBIO CHINO

Una palabra nos libera de todo el peso y de todo el dolor de la vida; esa palabra es «amor».

SÓFOCLES

De cuando en cuando, la vida nos presenta una crisis: una desilusión, un agravio, una enfermedad, un dolor o una pérdida, que nos arroja a la cara un *no* tan fuerte que parece que nos cierra el corazón. Las consecuencias prácticas de estos sucesos son tan desagradables que solo parece posible responder con un no de corazón. Pero cerrar el corazón nos aumenta el sufrimiento y nos conduce a actos que contribuyen a producir en el mundo una espiral de negatividad. La vida, vista como terreno de prácticas del arte de amar, ofrece bastantes crisis de este tipo como desafíos para mantener abierto el corazón.

A veces, los sucesos que provocan las crisis son repentinos e inesperados; otras veces se ven venir. Su inevitabilidad suele dar fuerza a la voz del miedo, que dramatiza lo malo que es el suceso y proyecta una imagen de lo peor que puede ser el futuro. En un camino de amor, el desafío de la vida consiste en quitar su fuerza a la voz del miedo y aprovechar *todos* los sucesos de la vida para amar y para aprender.

En este capítulo ofrecemos una serie de prácticas para amar en los momentos de crisis: son pasos que usted puede dar para superar un periodo difícil y no salirse de su camino de amor. Se necesita una práctica habitual para desarrollar estas habilidades *antes* de que llegue la crisis, para poder disponer de ellas cuando se necesiten.

Práctica 74

DEJE DE ALIMENTAR LA CRISIS

No puedes impedir que los pájaros de la pena vuelen sobre tu cabeza, pero sí puedes impedir que aniden en tu pelo.

PROVERBIO CHINO

Las crisis son tan dramáticas, y nuestras voces interiores son tan apremiantes, que olvidamos que podemos bajarnos del escenario y contemplar lo que sucede desde una butaca entre el público. Podemos tardar días enteros en recordar que podíamos haber hecho cualquier otra cosa que no fuera reaccionar según el guion. En cuanto advierta que está atravesando una crisis o que se le viene encima una crisis, grítese ¡ALTO! a sí mismo y salga de la obra de teatro para asumir el papel de testigo. Para desarrollar esta habilidad, resultan útiles las prácticas del capítulo 7. Como testigo, observe a los actores, entre ellos a usted mismo, y escuche sus voces interiores. En vez de reaccionar ante el argumento de la obra sin poder hacer nada, ahora puede decidir cuál será su reacción.

Si existe una crisis conocida que se presenta repetidas veces, prepárese por adelantado para los sucesos que la desencadenan. Coloque tarjetas en lugares visibles de su hogar o de su oficina, con mensajes que le recuerden que debe estar preparado. Después, cuando vea llegar la crisis, salga inmediatamente de la representación antes de que llegue.

Práctica 75

RESPIRE HONDO

Alcanzar la budidad a base de respirar no es más que una consecuencia secundaria de la respiración. El propósito más importante de la respiración es respirar y disfrutar de la respiración.

THICH NHAT HANH

En las situaciones de alteración o de crisis restringimos nuestra respiración. Cuando vea llegar una crisis o se encuentre en una, respire hondo. Con cada espiración, deje salir toda la tensión de su cuerpo y de su mente. Centrándose en su respiración, aleja la atención de la crisis y la dirige sobre algo positivo y relajante.

Práctica 76

RELÁJESE

Al que Dios da pan duro, le da dientes agudos.

PROVERBIO ALEMÁN

En las crisis ponemos el cuerpo en tensión. Cuando vea llegar una crisis o se encuentre en una, relájese y muévase con toda la soltura que pueda. Existen muchos métodos para relajarse. Uno de ellos consiste en recorrer sistemáticamente todo el cuerpo, tensando primero deliberadamente un grupo de músculos todo lo que se pueda sin hacerse daño, para después soltarlos y relajarlos al máximo. Puede recurrir a esta práctica en cualquier momento para conseguir sentirse más relajado.

Práctica 77

VISUALICE SENTIMIENTOS DE PAZ

Lo que tenemos detrás y lo que tenemos delante son cuestiones ínfimas comparadas con lo que tenemos dentro de nosotros.

RALPH WALDO EMERSON

En las crisis combatimos contra los sucesos de nuestra vida. Por lo tanto, cuando esté en crisis, siéntase en paz deliberadamente. Una manera de hacerlo es visualizarse a sí mismo en un lugar idílico, haciendo alguna cosa que asocie con la paz. Su respiración, su relajación y su visualización se reforzarán mutuamente.

Práctica 78

POSPONGA SUS ACTOS

Las crisis son los peores momentos para tomar decisiones o para realizar actos importantes. Cuando sienta dolor, miedo, ira, depresión y sufra el bombardeo de voces faltas de amor, no base en ellas sus actos. Actúe después, cuando tenga la paz suficiente para estar en contacto con toda una gama de valores y de consideraciones. Cuando la acción no pueda retrasarse, no haga nada drástico. Tome medidas mínimas que le sirvan para llegar a un momento en que vuelva a sentirse equilibrado, capaz de pensar, de sentir y de elegir con claridad.

Práctica 79

PRESTE ATENCIÓN A LO QUE ESTÁ SUCEDIENDO AHORA

Vive aquí, ahora.

RAM DASS

Vive la tarde. No puedes llevártela contigo.

ANNIE DILLARD

Las crisis se alimentan de recuerdos del pasado cargados de emociones y de previsiones del futuro. Por lo tanto, deje de interpretar y deje de prever. Céntrese en lo que ve, oye y siente ahora mismo. Sea cual sea la naturaleza de la crisis, siempre hay algo que hacer, el paso siguiente. Limítese a hacerlo sin atormentarse por el pasado y por el futuro. Corte leña, corra alrededor de la manzana, ame a alguien. (Consulte las prácticas del capítulo 4.)

Práctica 80

HABLE DE UNA MANERA POSITIVA

Cada mañana y cada tarde, y siempre que le suceda algo, no deje de decir: «Gracias por todo. No tengo ninguna queja».

SONO

El habla negativa, tanto en voz alta como dentro de la cabeza, alimenta las crisis. Por lo tanto, sustitúyala por expresiones positivas de alegría o de amor. Incluso cuando su realidad física parezca un desastre, puede arrancarse palabras de estima para ahogar la autocompasión, el miedo y la ira.

Sustituya las voces negativas de su cabeza por un mantra positivo (consulte los mantras de amor de la práctica 47). Afirme que la enfermedad o el problema son un don, un nuevo comienzo, un toque de atención, un desafío o una nueva oportunidad para amar; después, viva de acuerdo con su afirmación. Prepare una lista de motivos por los que parecerá más tarde que esta experiencia ha contribuido a su desarrollo.

Práctica 81

REPRESENTE EL PAPEL DE AMANTE

La sonrisa es el yoga de la boca... En una guerra vemos morir a la gente; vemos mucha destrucción a nuestro alrededor. La sonrisa es una manera de sobrevivir.

THICH NHAT HANH

Atrapado en una crisis, sus sentimientos no lo dirigirán hacia el amor. Cuando quiera ser de una manera determinada y no sepa cómo conseguirlo, *haga como si* fuera de esa manera. En una crisis, aunque no se sienta relajado, *haga como si* estuviera relajado. Aunque no sienta amor, *haga como si* amara. Se sentirá tan arrastrado por el papel que acabará siendo real para usted.

Práctica 82
EXPLORE LA CRISIS SIN PALABRAS

Escuchamos el canto del grillo
y los cantos humanos
con oídos muy diferentes.

WAFU

Nuestras voces interiores interpretan los sucesos de nuestras crisis con un bombardeo de palabras. En esta práctica, explore el terreno de la crisis por otros medios, no verbales: por ejemplo, por medio de dibujos o ilustraciones libres y sin limitaciones, hechos con lápiz, tinta o pinturas. Prepare una serie de ilustraciones de este tipo a lo largo del tiempo. Así se reconoce el terreno de la crisis y se elimina una parte de sus toxinas. Explore también las cuestiones relacionadas con la crisis por medio de movimientos corporales, masajes o danzas, o tocando instrumentos de percusión u otros medios de expresión musical.

Práctica 83
APRENDA LO QUE PUEDA

Cuando ya no somos capaces de cambiar una situación, nos encontramos ante el desafío de cambiarnos a nosotros mismos.

VIKTOR FRANKL

Si usted no es capaz de amarlo, aprenda de ello. Las crisis son ocasiones excelentes para aprender: tienen el dramatismo necesario para cautivar su atención, y están hechas específicamente a su medida.

Las crisis suelen ser reacciones ante sucesos antiguos, desencadenadas por algo que nos vuelve a recordar esos sucesos. Describa cuidadosamente qué es lo que teme, qué es lo que le afecta. ¿Cuál fue, exactamente, la sucesión de hechos que condujeron a la crisis? Y ¿cómo interpretó usted esos hechos?

Por ejemplo, supongamos que se encuentra a sí misma dejándose arrastrar a una disputa con su marido. Inmediatamente, grítese a sí misma «¡ALTO!», y dígale que no está dispuesta a proseguir en ese sentido porque ya sabe dónde va a conducirlos. Rompa el hábito que conduce a la disputa.

Dado que la cuestión que ha provocado su desavenencia debe ser atendida, señalen un periodo de tiempo en el que ambos puedan *aprender:* sobre la cuestión, sobre sí mismos y sobre el otro. Empiecen por reconocer su amor y su respeto por el otro, y por su relación mutua. ¿Cómo la interpreta cada uno de los dos? ¿Quién más interviene en ella? ¿Qué sucesos pasados hacen intervenir en la cuestión que colorean el modo en que la interpretan? ¿En qué sentidos están de acuerdo en la cuestión, y en cuáles difieren? ¿A quién pueden pedir ayuda?

Si su marido se ha dejado arrastrar tanto por la cuestión que no está preparado para mantener una discusión tranquila, manténgala usted por su parte en todo caso. Cuando usted esté a su lado, dedíquese a aprender acerca de la cuestión. Así presta un servicio de amor a él, a usted misma y a su relación mutua por medio de esta práctica.

Práctica 84

APARTE SU ASIENTO DEL ESCENARIO

El hombre no está libre de condicionamientos. Pero está libre de tomar postura sobre ellos.

VIKTOR FRANKL

Los sucesos pueden provocar crisis cuando no tenemos perspectiva para presenciarlos desde lejos. En las crisis, aparte su asiento del escenario para verlo con mayor perspectiva. Piense en todas las personas a las que conoce, o en todas las que viven en su ciudad o en su provincia. ¿Con cuántas crisis tienen que convivir? Considere a los miles de millones de personas que viven en este planeta, y las crisis que atraviesan en sus vidas. Vea la Tierra desde el espacio. Considere que el Sol, con sus planetas, es uno de los centenares de miles de millones de estrellas de la Vía Láctea, y considere que la Vía Láctea es una más entre quizá cien mil millones de galaxias que existen en todo el universo.

Piense en todas las personas que lo han precedido en los incontables años que ha existido la Tierra. Piense en la vida que vendrá después de usted. Incluso mientras se enfrenta a sucesos que no le gustan, ¿puede dejar de sentirse agradecido por formar parte de un mundo tan asombroso?

Práctica 85

SIENTA SU DOLOR SIN INTERPRETACIONES

Todos los hombres sufren, ahora como antiguamente, pero no todos son infelices, pues la infelicidad es una reacción ante el sufrimiento; no es el sufrimiento mismo.

ALAN WATTS

Adéntrate en tu terror para conocer su naturaleza. Será menos doloroso si no te apartas de él. Quédate junto al propio sentimiento, sin intentar estructurarlo. Lo que produce terror es la estructura, no la experiencia. Ya lo verás.

EMMANUEL (PAT RODEGAST)

En las crisis de desilusión, pérdida, dolor, enfermedad o agravio repentinos, las voces de su mente se ponen inmediatamente a interpretar el suceso, a las demás personas que participan en él, o a usted mismo, calificándolos de espantosos, terribles e injustos. Al reaccionar ante estas voces, usted se incita a sí mismo a caer en una palabrería de temor, ira, resentimiento, cinismo, depresión o futilidad. Una sola crisis puede desviarlo de su camino de amor durante unos momentos o durante décadas enteras, en función de la fuerza con que usted se aferré a sus interpretaciones.

Sus interpretaciones negativas bloquean cualquier beneficio que pueda traer aparejado el suceso. Por ejemplo, no puede aprender cómo se está sin su novio, porque está demasiado ocupada diciéndose a sí mismo lo sola que está sin él y lo poco atractiva e inútil que se debe sentir porque él la ha abandonado. No puede vivir simplemente su trabajo, porque sabe cómo deben reírse de usted los demás, y lo terrible que es no haber conseguido ese ascenso. No puede sentir cómo es la vida con náuseas y con fiebre, porque se dice que la enfermedad que padece es incurable.

Cuando a usted no lo consuela el hecho de que la gente está perdiendo constantemente a compañeros sentimentales, se la están saltando constantemente en los ascensos y está contrayendo constantemente enfermedades graves, dice que su vida es demasiado dura. No es que sea dura, pues evidentemente lo es, sino que es *demasiado* dura. Ese *demasiado* quiere decir que es más dura de lo que usted desea, y más dura de lo que está dispuesto a soportar; de modo que se altera a sí mismo y altera a los demás hablando de lo difícil, lo injusta y lo temible que es. De hecho, no es justa. La vida nunca ha sido justa. El halcón mata un pájaro y deja escapar a otro. Así son las cosas, siempre.

En esta práctica, usted aparta de su mente todas las etiquetas y todas las interpretaciones, y experimenta deliberada y plenamente los resultados prácticos de su crisis. Viva sin su novio, y descubra qué tal cocina, come y pasa la velada sola o con otros amigos. Descubra qué tal se trabaja en su puesto sin el ascenso. Viva la vida con toda la intensidad que pueda mientras tiene náuseas, escalofríos y fiebre.

Prepare una lista de todo lo que hace o soporta ahora que cree que no tendría que soportar. Siempre que se le ocurra alguna otra cosa que no crea que deba ser como es, añádala a la lista. Pregúntese a sí mismo de vez en cuando quién cree usted que *debería* tener que hacer estas cosas, si es que no se trata de usted mismo. Pregúntese a sí mismo qué personas, de toda la historia del mundo, *no* han tenido que soportar tales situaciones.

Práctica 86

RÍASE ANTE SU CRISIS

Si no tienes sentido del humor, las cosas no tienen gracia.

WAVY GRAVY

Para ver lo que algo tiene de humorístico, debe situarse fuera de ello, desde el punto de vista del testigo. Desde ese punto de vista, usted encuentra algo animador en la situación, al ver la incongruencia y la estupidez que tiene aparejada la difícil situación del ser humano. Convierte la crisis en triunfo riéndose de ella en sus mismas narices; no porque las circunstancias sean graciosas, sino porque decide hacerlo, con su voluntad consciente.

Práctica 87

DIGA SÍ A SU EXPERIENCIA

Por lo tanto, anda con tu pesadez de corazón, diciendo «sí». Sí a la tristeza. Sí a la nostalgia susurrada. Sí al miedo. SÍ.

EMMANUEL (PAT RODEGAST)

Acepto el universo.

MARGARET FULLER

Resistirse a su crisis, decirle *no* a gritos, le distrae la atención y le consume la energía. En vez de gritar *no,* grite *sí;* no porque no le guste la situación, sino como afirmación que se arroja al mundo para darle a usted un nuevo lugar donde ponerse de pie. Diga «amo», y después viva de acuerdo con su afirmación. Mire a su alrededor para descubrir qué hay que se pueda amar. Una voz inmediata puede decirle que no queda nada, pero usted sabe que no es cierto. Ama, por la sencilla razón de que se lo propone. Este momento, esta crisis, le está mostrando un aspecto de la vida humana, y hace lo que puede para amarlo.

Práctica 88

TOME LA DECISIÓN MÁS ACORDE CON EL AMOR

Toma el miedo en una mano. Toma el amor en la otra. Sosteniendo ambos, elige el amor y vuelve a elegir el amor.

EMMANUEL (PAT RODEGAST)

En una crisis parece que son demasiadas las cosas que dependen del resultado de sus decisiones. La intensidad del argumento de su obra de teatro hace que sea difícil reflexionar tranquilamente sobre las consecuencias de diversas alternativas. Su sentido de la perspectiva se distorsiona, y sus decisiones pueden reflejar fácilmente su ira, su autocompasión o su miedo.

Pero incluso en una crisis muy dramática, usted puede dar un paso atrás y examinar las alternativas que se le presentan. No se pregunte cuál es la que le apetece elegir en ese momento. Quizá no quiera elegir la alternativa del desarrollo, la alternativa de la generosidad, la alternativa del perdón. Puede que no quiera tener en cuenta los sentimientos de las demás personas cuando usted está padeciendo miedo o dolor. En las crisis, los sentimientos pierden su valor como guías. En vez de ello, pregúntese: *¿Cuál es la decisión más acorde con el amor en este caso?* Puede que esto no baste para determinar la decisión, pues existen muchos tipos de amor. Pero por lo menos lo mantendrá en un camino de amor y le impedirá que tome decisiones de las que tenga que arrepentirse más adelante, decisiones que alimentan una espiral negativa.

Práctica 89

DIRIJA SU ENERGÍA EN OTRO SENTIDO

Mi ira crea mis versos.

QUINTILIANO

El que quiere cantar siempre encuentra una canción.

PROVERBIO SUECO

Las crisis suelen hacer que clave su atención sobre sí mismo: sobre lo que quiere o no quiere, sobre lo que pierde, sobre lo inadecuado que es usted. Aparte su atención de sí mismo y dedíquela a ayudar a alguien o a hacer algo constructivo. Ocúpese de algo. Puede cambiar la orientación de la energía negativa dirigiéndola en sentidos positivos relacionados con los anteriores: así, la ira se convierte en autoafirmación, el miedo en atención, la tristeza en cariño. Escriba una poesía o una carta. Muchas de las mejores obras humanas de toda la historia proceden precisamente de esta práctica. Friegue el suelo. Si va a atravesar una crisis, tampoco será malo tener la casa limpia.

Práctica 90

CONVIERTA LAS CRISIS EN TRIUNFOS

El amor nunca ceja.

SAN PABLO

Nunca desesperes. Pero si desesperas, sigue adelante, aunque estés desesperado.

EDMUND BURKE

Cuando la vida le presenta una circunstancia insuperable, puede dejarse aplastar por ella, o puede proponerse convertirla en un triunfo. Quizá tiemble con el dolor, la pérdida o el miedo, como tiembla una hoja al viento. En ese caso, *sea* la hoja al viento. Esa hoja no es una cobarde, y usted tampoco lo es. Usted es un ser humano al viento; temblar es humano.

En esta práctica usted convierte su crisis en un triunfo. Lo que determina que un suceso sea un triunfo no es lo que hacemos o no hacemos, sino la actitud con la que lo hacemos. Cuando se enfrente con voluntad a su crisis y saca de ella el mejor partido posible, cuando pueda decirse a sí mismo o a los demás «estoy convirtiendo esta crisis en un triunfo», entonces habrá conseguido precisamente eso. En concreto, convierte la crisis en triunfo tomando la decisión de vivir la crisis: sintiendo verdaderamente el dolor, la pérdida o el miedo.

Usted convierte la crisis en triunfo entrando en contacto con el propósito más profundo de su deseo que se está frustrando, y trabajando sobre ese deseo. Si quería que la Navidad fuera una época de amor y compartirla con sus hijos, y ellos no serán capaces de visitarlo en esta Navidad, celebre las fiestas como una época de amor y compártalas con los demás.

Usted convierte la crisis en triunfo haciendo las paces con el pasado, teniendo la aceptación suficiente para poder dejar por fin el pasado como verdadero pasado. Así como el *no* le vincula al pasado, el *sí* lo libera para amar hoy.

Usted convierte la crisis en triunfo aprendiendo todo lo que pueda, por mucho que le desagraden los sucesos. Dígase a sí mismo: «Puedo aprender y desarrollarme con esta crisis. Aquí hay algo que aprender. ¿Qué es?».

En la mayoría de las grandes crisis interviene una pérdida. Por eso, el capítulo siguiente está dedicado al desafío que plantean las pérdidas a su capacidad de amar.

Qué raro, que parezca con tanta frecuencia que todo vale la pena.

SHELDON KOPP

11

El amor en las pérdidas

❧

Las nubes pasan, y la lluvia hace su labor, y todos los seres individuales fluyen hasta adquirir sus formas.

I CHING

También esto pasará.

ANÓNIMO

TODO lo que llega pasará. Confirmamos constantemente esta verdad con las cosas grandes y con las pequeñas. Estemos con quien estemos, se marchará, si es que no nos marchamos antes nosotros. Hagamos lo que hagamos, se acabará, o nosotros no estaremos más para hacerlo. Cuando es joven, sano y optimista, podrá olvidar esta verdad, pero no por mucho tiempo. Pronto perderá algo que valora. Desmonta el árbol de Navidad y vuelve a la escuela. Pasa a otro curso o se muda a otra ciudad. Tiene que ponerse gafas. Sus padres se divorcian.

Lentamente, sus pensamientos se llenan de recuerdos maravillosos. Se da cuenta de que también *esto* (sea lo que sea esto) tendrá que pasar. Puede imaginarse un futuro, que llegará con tanta seguridad como llegó este momento presente, en que ya no será capaz de jugar a la pelota, de cuidar de su casa, ni siquiera de levantarse de la cama.

Su vida empieza perdiendo el seno materno. Después, al dejar de ser un niño de pecho, pierde su intimidad con su madre. Cuando llegan nuevos hermanos y hermanas a su hogar, o lo abandonan, pierde papeles familiares. Pierde la niñez y la adolescencia, la inocencia y la virginidad. El romance que usted quiere conseguir desesperadamente suele escapársele. Pierde la situación de estar libre de hijos al tenerlos, y pierde el papel de padre cuando sus hijos se hacen mayores. Pierde su soltería al casarse y pierde su situación de casado con la muerte o con el divorcio. Los seres queridos mueren, hasta los que más ama usted, aquellos con los que lo ha compartido todo. Puede perder los sueños, la confianza, la autoestima, los empleos, el éxito, el dinero, las capacidades, los propósitos, los significados, el optimismo y el idealismo. La cara que ve en el espejo envejece constantemente. Al cabo, usted empieza a perder el control: de su cuerpo, de sus ingresos, de su sensación de independencia, de su hogar y de su confianza en que esta vida seguirá adelante. Y ¿cuál es la alternativa a perder muchas cosas lentamente, una después de otra? ¡Perder muchas cosas rápidamente!

Cada pérdida deja un agujero. Es inútil fingir que no es así. Algunos de los agujeros son grandes. Y la vida sigue, siempre con el desafío de aprovechar la crisis producida por la pérdida para sentir intensamente lo misterioso que es todo, y, cuando sea oportuno, para volver a levantarse una vez más y amar.

Práctica 91

CUENTE SUS PÉRDIDAS

Renunciar perpetuamente es la verdad de la vida.

RABINDRANATH TAGORE

Encabece una página de su diario con el título «Pérdidas que he sufrido». Después, repase su vida y anote las pérdidas que le vienen a la cabeza: personas, animales, objetos, habilidades, seguridad, entornos, posesiones, empleos, cualquier cosa que recuerde cuando lea el encabezamiento. Cuando recuerde algún elemento, experimente vívidamente los recuerdos de sus relaciones con él.

Más tarde, encabece otra página con el título «Pérdidas que sufriré». Apúntelas en su orden probable, imaginándose cómo podrán ser, hasta llegar a su muerte.

Advierta con cuántas de estas muchas pérdidas, pasadas y futuras, no está usted en paz, cuáles no dejan de impulsarlo a recordarlas o a imaginárselas con un no de corazón.

Práctica 92

RECONOZCA SUS CAPACIDADES PARA SOPORTAR LAS PÉRDIDAS

En esta práctica, usted se da cuenta de cuántas capacidades ha adquirido ya para soportar las pérdidas. Repase su lista de pérdidas pasadas de la práctica 91, y para cada una de ellas escriba lo que hizo para soportarla. ¿Qué capacidades de aguante reforzó usted al sufrir esa experiencia? Algunas capacidades que suelen descubrir las personas son la fe (en Dios, en que las cosas mejorarán, en sí mismos o en otras personas, en el desarrollo futuro), la sustitución (adoptar otro gato, encontrar un nuevo compañero sentimental), saber que otras personas sufren pérdidas; amar a otras personas, animales y actividades; hablar, llorar, gritar, las distracciones (comprar cosas, trabajar duro, hacer vida social, el sexo), ejercicios (dar puñetazos a un *punching bag,* deportes, correr), el trabajo, el humor, el sueño, la tolerancia, el tiempo, la expresión creativa o artística, escribir, tocar música o escucharla, y mantener vivo el recuerdo con reverencia. Algunas de las maneras en las que puede haber soportado las pérdidas, como la negación o la adicción, pueden haber servido para multiplicar sus problemas. En esos casos, ha aprendido qué hábitos debe evitar en el futuro.

Pasos para amar en las pérdidas

Por el amor, la enfermedad es salud.
Por el amor, la ira es piedad.
Por el amor, los muertos vuelven a la vida.

EL MASNAVI I MA'NAVI

Además de los pasos para amar en las crisis que describimos en el capítulo 10, he aquí algunos pasos concretos que puede dar para allanar el camino del amor en los momentos de pérdida.

Práctica 93

NO PROVOQUE MÁS PÉRDIDAS

Basta con una pérdida, de modo que procure no provocar más. Es fácil decir: «¿Qué importa ya? ¡Las cosas no pueden ir peor de lo que están!». Pero, por mal que estén las cosas ahora mismo, *sí pueden* ir peor.

Desconfíe de las conclusiones o de las decisiones tomadas entre el dolor de la pérdida: «No volveré a fiarme de ningún nombre». «Jamás saldré adelante en esta profesión.» «No me casaré jamás.» Estas decisiones suelen enterrarse muy profundamente en su alma, y salir a la luz más adelante para minar unas relaciones o para conducirle a tomar una decisión profesional de consecuencias desastrosas.

Desconfíe también, como indicamos en la práctica 78, sobre posponer sus actos en los momentos de crisis, de tomar medidas rápidas en los momentos de pérdida, que más tarde pueden parecer errores. Por ejemplo, la época de dolor por una pérdida importante es mal momento para romper los vínculos con una persona, para abandonar un empleo o para vender su casa y mudarse a un apartamento.

Práctica 94

HAGA LAS PACES EN SU RELACIÓN PERSONAL

Muchas veces, el dolor que sufre por una pérdida se complica por el hecho de que su relación con la persona está llena de recuerdos negativos. «Yo odiaba a mi padre porque era alcohólico, y ahora que ha muerto jamás podré decirle cuánto lo quería.» El momento de una pérdida, real o esperada, es el momento perfecto para efectuar lo que sea necesario para hacer las paces en esa relación. El capítulo 9 está dedicado enteramente al arte de hacer las paces en las relaciones personales. También puede aplicar sus prácticas en el contexto de la pérdida.

El dolor es quizá el terreno más duro de aceptar de toda la vida humana, y las personas lo han aprovechado para crear las experiencias más triunfantes que se puedan imaginar, así como las más degradantes.

Usted puede angustiarse por el dolor que sufren las personas que han sufrido la pérdida, pero angustiarse por el dolor de otra persona no servirá para detenerlo. Lo único que puede hacer usted es recordarlo una y otra vez en su mente. ¿Está dispuesto a dejarlo, a dejar que el dolor de la persona en cuestión pase a formar parte del mundo, parte de una larga historia que ya contiene mucho dolor, sin tener que añadirle el suyo propio?

Existe una diferencia entre sensibilidad y vulnerabilidad. La sensibilidad consiste en tener toda la conciencia posible, y la conciencia es una forma de amor. Por medio de la conciencia intensifica su experiencia. La sensibilidad le permite reaccionar ante esa persona, animal o situación de la manera más útil y prestando el mayor apoyo posible.

La vulnerabilidad, por su parte, consiste en reaccionar ante el dolor de otra persona añadiéndole el nuestro propio. Si usted es vulnerable, puede ser que el hecho de ver padecer dolor a otra persona o de encontrarse con la muerte de alguien le hace enfrentarse al hecho de que *su propia* vida contendrá dolor, y de que *usted* morirá. Si es así, reconozca que no está sufriendo por la otra persona, sino por usted mismo.

Práctica 95

DEJE DE LUCHAR CONTRA EL DOLOR DE LOS DEMÁS

> *Oh Dios mío, Creador de la humanidad, no aspiro a comprenderte a Ti ni a Tu creación, ni a comprender el dolor ni el sufrimiento. Solo aspiro a aliviar el dolor y el sufrimiento de los demás, y confío en que, al hacerlo, pueda comprender con más claridad Tu naturaleza.*
>
> SAN FRANCISCO DE ASÍS

En esta práctica, usted deja de producirse dolor a sí mismo a causa de su vulnerabilidad ante el dolor de los demás. Su propósito es ser sensible al dolor de la otra persona, pero no formular la exigencia, apoyada en sus emociones, de que acabe. Cuando sea capaz de hacerlo así, otorga a la otra persona un entorno en donde pueda sentir el dolor por sí mismo, sin tener que sentirse responsable de los sentimientos de las personas que lo rodean. Así, puede reducir al mínimo su dolor y ampliar al máximo su desarrollo. También le permite a usted permanecer abierto y en presencia de los que sufren, en vez de consumirse o escaparse física o emocionalmente, porque le duele demasiado estar con ellos.

Prepare una lista del dolor de los demás, pasado o presente, contra el que lucha usted. Escuche la voz interior que le exige que deje de sentir este dolor, y anote lo que diga esta voz. Diferencie entre amar a otras personas y alterarse usted mismo exigiendo que no sufran. (Para aumentar su sensibilidad y su intimidad con la persona, puede aplicar las prácticas del capítulo 8. Para evitar caer en la vulnerabilidad, puede aplicar las prácticas del capítulo 7.)

Práctica 96

HAGA LAS PACES CON EL SIGNIFICADO DE LA PÉRDIDA

El océano no merma ni se hace mayor,
aunque las olas siempre crecen y menguan;
la existencia del mundo es una ola;
dura un momento, y tiene que desaparecer.

NARUDDIN ABDUR RAHMAN JAMI

Es muy frecuente que una pérdida no tenga sentido para nosotros. La promesa o la expectativa que quedará incumplida por su culpa nos dramatiza su irracionalidad. Escriba los significados más importantes que vea en la pérdida ante la que se encuentra. «Qué tragedia que no pudiera terminar de escribir su libro. Habría sido una bendición para el mundo.» «Era tan buen padre, y ahora sus hijos tendrán que salir adelante sin él.»

Después, reconozca la realidad de la pérdida. Desde luego, habría sido mejor que la escritora hubiera concluido su libro, o que el padre hubiera podido seguir viviendo para cuidar de sus hijos. Pero usted puede centrarse en lo que sí pudo hacer la persona. Para cada afirmación del tipo: «Ojalá...», escriba varias del tipo: «¡Qué maravilloso es que...!». Pase de meditar sobre la tragedia de lo que no pudo hacer la persona en cuestión a meditar sobre el triunfo de lo que sí llegó a hacer.

Práctica 97

EL AMOR POR LA AFLICCIÓN

Lo que es el jabón para el cuerpo, lo son las lágrimas para el alma.

PROVERBIO JUDÍO

La aflicción es una experiencia de amor profundo bajo la iluminación concreta de la pérdida. Aprovecha las circunstancias dramáticas de la pérdida para intensificar los sentimientos, los pensamientos y los actos de amor. Pero es fácil dejar de advertir el sí que dirigimos hacia el ser amado bajo estas circunstancias, a causa del dolor del poderoso *no* que dirigimos hacia el hecho de su marcha.

Sienta con toda la plenitud que sea capaz todas las reacciones diferentes, y muchas veces contradictorias, que son estimuladas por la pérdida. Pueden consistir en recuerdos, voces mentales, sentimientos, deseos, frustraciones, juicios, ira, daño, soledad, miedo, pena, amor, alivio, alegría, confusión, plenitud, desesperación, orgullo, dolor, hilaridad, libertad, culpabilidad, satisfacción, martirio, vacío, traición, asombro, gratitud y sentimento de «¿por qué yo?»

El momento de la pérdida es el momento de sacar a la luz y de sentir *todos* los elementos de su relación con la persona. Para evocar esas experiencias, escríbalas en su diario, cuénteselas a un amigo o visualice a la persona y cuénteselas a ella. Sepa que es completamente natural albergar sentimientos contradictorios sobre un ser querido: puede sentirse enfadado con él por haberlo abandonado, pero sentir al mismo tiempo una pena profunda por haberlo perdido.

Aproveche la ocasión de la pérdida para intensificar su amor. Para ello, no interprete tanto su dolor como un *no* a la pérdida, sino como un *sí* profundo a su ser amado. Convierta su aflicción en un refuerzo consciente de sus vínculos de amor.

Ahora, cuando tiene fresca en la mente la pérdida, su aflicción es más intensa. Cuando su intensidad se reduzca con el tiempo, advertirá que dedica menos espacio a luchar contra el hecho de la pérdida y pasa a amar el resto de su vida y sus recuerdos de su ser amado.

Práctica 98

MANIFIESTE SU AGRADECIMIENTO A SUS BENDICIONES PERDIDAS

¿Qué es la naturaleza poética? Las cosas significan; significan profundamente; significan infinitamente.

R. H. BLYTH

Esta práctica se usa mucho para intensificar el amor en el proceso de aflicción y para hacer las paces con una pérdida dolorosa. Le ayuda a convertir el dolor en un triunfo del espíritu contra las circunstancias. En este caso, convierte la pérdida, incluso la más profunda, en una creación, en un texto escrito o en una obra de arte.

Aproveche deliberadamente su sentimiento de pérdida para agudizar su conciencia de la intensidad con la que ama y ha amado a esa persona. Mientras cultiva esa conciencia, conviértala en un texto escrito, en prosa o en verso, en el que exprese su agradecimiento de corazón al objeto o persona perdida por haber sido una bendición tal para usted. Además de escribir, puede tocar música o cantar, bailar, pintar o dibujar. Exprese sus recuerdos más conmovedores y la profundidad de sus sentimientos. Quizá quiera enseñar a otras personas su obra, pero es suficiente con aprovechar el proceso creativo para evocar la experiencia, y aprovechar la experiencia para evocar la creación.

Esta práctica aumenta conscientemente su sentimiento de amor y de gratitud hacia la persona cuando usted piensa en la pérdida. No deje de mantener una actitud de agradecimiento cuando se acerque a la persona y pronto empezarán a confundirse su agradecimiento y su pérdida. Cuando se acostumbre a agradecer al universo su generosidad, le resultará más sencillo *confiarle* su futuro.

Esta práctica le ayuda a abrir el paso a la verdad de lo que ha perdido en vez de vivir en la negación. En la negación, usted intenta protegerse del dolor guardando su conocimiento de la pérdida en un rincón de su mente y protegiéndose con un muro de ser consciente de ella. Esto le bloquea el amor en su relación y le impide vivir en paz. Su energía es arrastrada constantemente a proteger el muro, por miedo a que usted vea la verdad a través de él. La negación es una forma extrema de evasión en la que usted grita un no tan alto a la pérdida que no se atreve a mirarla. El uso temporal de la evasión puede llegar a darle resultado alimentando su conciencia con la verdad, tan poco a poco que usted pueda soportarla.

La pérdida de un ser querido ya es lo bastante negativa sin que usted luche con ella para siempre. No existe respuesta evidente a la pregunta de cuánto tardará su *no* en disiparse y en dejarlo con el *sí* de su amor. Son muchos los factores que pueden incitarlo a seguir luchando contra una pérdida. Es posible que el dolor sea tan grande que usted no pueda hacer otra cosa. La vida puede tener más significado cuando usted se encuentra atrapado en una tragedia dramática. Puede que crea que aceptar la pérdida sin angustia demostraría que usted no amaba. Las personas que lo rodean también pueden esperar que usted dramatice su pérdida, y pueden ofrecerle cariño y atenciones especiales en vista de que usted ha perdido tanto.

El testimonio mayor que puede ofrecer de su amor por alguien quizá sea vivir de una manera tan amorosa como le sea posible después de la marcha de esa persona. Puede solicitar abiertamente las atenciones y el cariño que desea, en vez de sufrir tanta angustia que la gente se sienta obligada a ofrecérselos. Si sigue viviendo una vida positiva a pesar de su pérdida, quizá inspire a las personas que lo rodean a hacer otro tanto.

Práctica 99

DEJE DE LUCHAR CONTRA LA PÉRDIDA

La pregunta más profunda que nos plantea el mundo no admite más respuesta que el girar mudo de la voluntad y la tensión de las entretelas de nuestro corazón, mientras decimos: «¡Sí, lo acepto así!».

HENRY JAMES

La autoentrega es lo mismo que la felicidad eterna.

SRI RAMANA MAHARSHI

Encabece una página de su diario con el título «¿Estoy dispuesto a dejar de luchar contra esta pérdida?». A continuación explore por escrito las muchas voces que le vienen a la cabeza como respuesta. Ponga en tela de juicio la veracidad de las voces que dicen que no. En vista de que todo el mundo pierde a seres queridos y objetos y capacidades queridas, ¿por qué debería usted ser una excepción? ¿Por qué deberían tener sus preferencias el valor de reglas que gobernasen el mundo?

Es fácil *pensar* en superar las pérdidas, sobre todo las de personas. Una posibilidad extrema es la de trivializarlas: «Mi marido murió, ¿y qué? Muchos maridos mueren. No voy a convertirlo en un drama». Este planteamiento puede parecemos tentador, porque, al fin y al cabo, nuestro propósito es reducir al mínimo el drama y hacer las paces con la pérdida. Pero nadie quiere trivializar una de las experiencias más poderosas de la vida. La otra posibilidad extrema es revolcarse en la pérdida: «¡Qué horror que se haya muerto mi marido! ¡Cómo debo afligirme, sufrir, vivir en el pasado, ahora que se ha marchado para siempre!». Este planteamiento se basa en un amor al dramatismo.

Es evidente que ninguno de estos dos planteamientos resulta adecuado. Pero, al mismo tiempo, ambos resultan adecuados. La vida de su marido *sí* está ahora en el pasado. Su amor hacia él está a salvo, y *sí* existen muchas cosas en su vida que puede seguir amando. Más le valdría dedicarse a amarlas, más tarde o más temprano.

La presencia de su marido era maravillosa. Usted entrelazó su vida con la de él. Ahora que se ha marchado, su vida ha cambiado permanentemente. Una parte de lo que usted solía utilizar para darle significado y alegría vive ahora únicamente en el recuerdo. Solo encontrando nuevas maneras de crear significado, nuevas cosas que amar, volverá a encontrar que la vida vale la pena. Para ello tendrá que cambiar sus hábitos anteriores. Tendrá que abandonar lo que era, abandonar lo que no era, y abandonar lo que podría haber sido. Eso supone dejar que el pasado sea maravilloso sin aferrarse a él. Supone no angustiarse por todos esos hechos que pudieron haber sido tan maravillosos pero que jamás sucedieron. La vida es ahora, y el amor es ahora.

Práctica 100

APRENDA LO QUE PUEDA

En la vida no hay nada que temer. Solo hay cosas que comprender.

MARIE CURIE

Solo existe un maestro: la vida misma.

CHARLOTTE JOKO BECK

Sea lo que sea por lo que está atravesando, aunque le parezca que en esa experiencia no existe nada que usted pueda amar, es probable que exista algo que pueda aprender. En esta práctica, usted contempla la pérdida y su reacción ante ella para explorar lo que puede aprender de ella, cómo puede desarrollarse a partir de ella.

Quizá encuentre que puede aprender compasión, por sí mismo y por los demás, a base de meditar sobre el sufrimiento de todas las personas que han vivido. Puede sentirse unido al dolor, la pérdida y el desvalimiento de incontables personas del pasado y del presente, y sentirse así emparentado con todo el río de la vida.

Quizá aprenda lo vinculado que está usted a la gente, a las capacidades y a los objetos. Eso le brinda una oportunidad de renunciar a lo que se estaba aferrando, a lo que creía que *necesitaba* tener. Puede aprender a enfrentarse a la muerte y a desarrollar una filosofía de la vida.

La pérdida puede enseñarle qué es lo que valora. Le pone en contacto con lo que está haciendo con su vida. Le enseña a aprovechar su tiempo, a dedicarse a lo rico y a lo lleno de significado y a dejar en paz lo superficial. Le incita a aumentar el poder de su fuerza de voluntad; a conseguir lo que se ha propuesto conseguir.

Cuando la pérdida produce miedo y pena, puede aprender que usted es capaz de superar los tiempos difíciles. La pérdida puede enseñarle a depender de sí mismo en vez de depender de lo que es exterior a usted. Le enseña a respetar los objetos que ama, y a las personas que lo apoyan en las épocas de problemas. También le enseña que siempre que se cierra una puerta se abre otra puerta nueva.

Práctica 101

TRANSFORME LA PÉRDIDA EN TRIUNFO

Cuando el corazón llora por lo que ha perdido, el espíritu ríe por lo que ha encontrado.

DICHO SUFÍ

Algunas veces, cuando la pérdida nos abruma, nos parecerá que no tiene significado nada de lo que haga o dé al mundo, ni ninguna de las experiencias del amor. En esos momentos, quizá no nos quede más que inclinar la cabeza ante el gran misterio que nos lo da y nos lo quita.

Incluso entonces existe una manera de demostrar nuestro amor hacia el mundo y hacia la vida: por la *actitud* que tomamos hacia nuestro sufrimiento y nuestra pérdida. Cuando la vida lo desafíe en estas condiciones, las más duras de todas, acepte que no siente amor. Sienta su dolor plena y deliberadamente. Sienta su desesperación tan intensamente como pueda.

Después, elija la actitud que tomará hacia el mundo, a pesar de su desgracia. Adopte una actitud de cortesía, de valor, de alegría y de actos de amor. Así dará significado a su pérdida y a su dolor. El dolor y la pérdida son el papel de lija con el que la vida le pulirá a usted hasta convertirlo en una obra de arte. Tenga compasión de sí mismo por sufrir tan intensamente. Al tenerla, está siguiendo su camino de amor.

Aprovechar la certidumbre de la pérdida para intensificar su amor

Sin la conciencia de la muerte sería un hombre corriente que realiza actos corrientes. Le faltaría la potencia necesaria, la concentración necesaria que transforma el tiempo corriente de uno sobre la Tierra en fuerza mágica.

DON JUAN (CARLOS CASTANEDA)

Podemos intensificar nuestro amor reflexionando sobre la certidumbre de la pérdida. Cuando negamos que esa pérdida es segura, damos por supuesto todo lo que está en nuestra vida. No es necesario prestarle atención; al fin y al cabo, existen innumerables mañanas. Pero si aceptamos, si aceptamos verdaderamente, que todo es temporal, nos sentimos incitados a amar lo que tocamos mientras lo tocamos. Pronto habrá desaparecido.

Si usted abraza a su hija mientras reflexiona sobre su pérdida, la sentirá y vertirá amor sobre ella. No seguirá aquí mucho tiempo. Cuando termine el abrazo, puede dejar que se vaya a la cama sin aferrarse a ella. Esta vez solo se va a la cama. Llegará una despedida más dramática que no podemos predecir. Pero es inevitable que llegue una despedida última de usted. Tal es la inevitabilidad de la pérdida de todas las bendiciones de su vida. Parece estúpido aferrarse. Puede dejarla marchar; a la cama, esta vez. ¿La próxima vez, adónde?

Cada vez que deja marchar algo o a alguien, suéltelo al universo, agradecido por haber compartido vida y energía con ello.

La misma palabra *pérdida* da a entender que posee o controla alguna cosa antes de que se le quite. Pero no posee nada ni a nadie, persona, animal, planta, objeto, sentido o capacidad. Simplemente, llega a compartir la vida con ellos, llega a cuidarla, llega a aprovecharla en algunos casos, durante cierto tiempo. Es su guardián, que tiene la bendición de tenerlas consigo durante cierto tiempo para amarlas y aprender de ellas. Ni siquiera posee su propio cuerpo, sino que lo anima y lo cuida. Esta visión, basada en la propiedad, procede del miedo, no del amor. Si lo que ama le parece escaso, temerá su pérdida, y el miedo genera el aferrarse y el deseo de control que es la propiedad. La práctica 45 es útil para explorar el papel de la propiedad en su vida.

Contemple sus bendiciones como cosas de las que debe cuidar o como cosas que deben cuidarse a su lado. Cuando se le quita alguna de esas cosas, su pregunta será: «¿De qué cuidaré ahora?», o «¿Con qué me cuidaré ahora?». Puede transformar el dicho «Todo final es un nuevo principio», para que deje de ser un tópico agotado y se convierta en el planteamiento que usted da a los finales.

No tiene por qué convertir en problema la muerte, por qué convertirla en objeto de preocupación y de alboroto. Eso sería como si un melocotón que madura en el árbol se pusiera a pensar en lo terrible que sería caerse. Morirse no es un problema: se hace solo. Usted no tiene que hacer nada para morirse. Solo vivir le plantea un desafío. Por mucho dolor que padezca o por muy enfermo que esté, solo tiene que vivir en su camino de amor, en este mismo momento, ahora mismo.

Práctica 102

CUENTE SUS BENDICIONES

Te es lícito tomar en ambas manos las bendiciones de la vida, siempre que sepas que estás preparado en el caso contrario a devolverlas con la misma alegría. Esto puede decirse de la comida, de los amigos y de los parientes, de todo lo que Dios da y quita.

MAESTRO ECKHART

Encabece dos páginas en su diario con los títulos «Bendiciones que he tenido» y «Bendiciones que tendré», y prepare dos listas, tal como lo hizo en la práctica 91, «Cuente sus pérdidas». De nuevo, dedique un momento a recordar o a imaginar hechos concretos de amor.

Cuando haya terminado, vuelva de nuevo para asegurarse de que ha incluido en sus listas de bendiciones todos los elementos que figuraban en su lista de pérdidas de la práctica 91. Al fin y al cabo, para que la ausencia de alguna cosa le parezca una pérdida, su presencia debió parecerle en su día una bendición.

Esta práctica, junto con la 91, iluminan en dos sentidos los sucesos naturales de su vida. Al contemplar las pérdidas, se centra en el hecho de que las bendiciones nos abandonan inevitablemente, mientras que al contemplar las bendiciones se centra en el hecho de que las bendiciones llegan inevitablemente. Los hechos nunca le obligan a centrarse en una visión o en la otra. Usted es libre de elegir el significado que tendrán los hechos de su vida: una lluvia de bendiciones o un chorreo de pérdidas.

En los momentos de pérdida, usted se centra en la diferencia entre lo que tiene presente ahora y lo que tenía presente antes. Esa diferencia suele ser enorme. No existen palabras para expresar la diferencia entre la presencia y la ausencia de un ser querido en su vida. El misterio de la pérdida dramatiza el misterio de la presencia. «¿Es posible que hace solo un minuto (un mes, una década) estuviera aquí delante, viva y llena de vitalidad? Y ahora se ha marchado; ¡esa risa, esa alegría y esa energía maravillosa se han marchado!»

Usted no *comprende* ni comprenderá jamás cómo ha cobrado su ser una persona, animal, planta, objeto o capacidad a partir de la materia del universo. Mientras usted tiene la bendición de tenerlo consigo, es libre de amarlo. Cuando se marcha, es libre de amar su recuerdo. Pero existe una cosa de la que puede estar seguro: siempre llegarán objetos dignos de amor, de una forma o de otra, y usted siempre tendrá la capacidad de amarlos. En su vida siempre encontrará un excedente de personas y de objetos dignos de amor a su alrededor, si tan solo se toma la molestia de mirar a su alrededor. No importa cuánto ha perdido, ni lo reciente que sea su pérdida: lo que le queda es más que suficiente para ser apreciado.

Práctica 103

DÉ LAS GRACIAS POR SUS BENDICIONES ACTUALES

Yo te doy las gracias a Ti, Dios mío, por este día maravilloso,
por los espíritus verdes y saltarines de los árboles
y por el sueño azul y verdadero del cielo; y por todo
lo que es natural, lo que es infinito, lo que es sí.

E. E. CUMMINGS

Estoy bailando, bailando ardorosamente ante el Gran Espíritu,
y bailaré y bailaré hasta que no pueda bailar más.

CÁNTICO POTAWATOMI

Elija una de las bendiciones actuales de la lista que preparó en la práctica 102 y exprese su agradecimiento del mismo modo que lo hizo a su bendición perdida en la práctica 98. Imagínese que la ha perdido para abrirlo a palabras, música, arte o danzas que invocan un amor más intenso, que a su vez invoca unos actos más expresivos. Exprese su agradecimiento más profundo al objeto por ser una bendición tan grande en su vida. Si su objeto es una persona, y si resulta adecuado hacerlo, comparta con ella lo que ha escrito. Se sentirá conmovida al saber cuánto significa para usted.

El que se ata a una alegría
destruye la vida alada.
Pero el que besa la alegría al pasar
vive en el alba de la eternidad.

WILLIAM BLAKE

12

El amor en los actos

> *No es cuestión de cuánto se hace, sino de cuánto amor se pone en los actos.*
>
> MADRE TERESA

Los actos expresan la experiencia y la evocan al mismo tiempo. La conducta refuerza la actitud que tiene detrás. De modo que, para tener más amor, podemos poner más *sí* en lo que hacemos o en lo que experimentamos. De cualquiera de las dos maneras, el *sí* entra en el ciclo de refuerzo entre nuestra experiencia privada y nuestra conducta pública. Dado que las personas tienden a asemejarse a los que las rodean, cuando expresamos más amor las personas que nos rodean se hacen más amorosas. Así, nuestros actos privados de amor se multiplican y repercuten por el mundo.

Práctica 104

¿DE QUÉ MANERA EXPRESA AMOR ESTE ACTO?

> *Cada pincelada que doy*
> *es el rebosar*
> *de mi corazón más íntimo.*
>
> SENGAI

Esta práctica es la interpretación sistemática de todas sus actividades frecuentes como expresiones de amor (ver práctica 22). Eso no quiere decir que sus papeles no expresen además otros propósitos: ganarse la vida o asociarse con otras personas, por ejemplo. Cuando usted desempeña un papel mientras lo aprovecha intencionadamente para expresar amor, su experiencia intensifica el amor que está expresando.

Encabece una página de su diario con el título «¿Cuáles son mis papeles principales en la vida?». Enumere todos los que pueda, y para cada papel anote los actos principales que suele realizar. Describa cada papel y cada acto como vehículos del amor. ¿En qué sentido es este acto una celebración de su amor? Por ejemplo, puede segar el césped como celebración del contacto con la tierra, del crecimiento, de la vida y de la belleza, y como servicio a su familia, a sus vecinos y a su comunidad. Cuando haya preparado esta lista, sea consciente de las muchas maneras en que sus actos expresan su amor cuando los realice en el futuro.

Práctica 105

RAZONES POR LAS QUE NO AMO ESTE ACTO

Morimos el día en que nuestras vidas dejan de estar iluminadas por el resplandor constante, renovado diariamente, de una maravilla, cuya fuente está más allá de la razón.

DAG HAMMARSKJÖLD

En esta práctica, usted se enfrenta con lo que no le gusta de sus actividades. Encabece una página de diario con el título «¿Qué actos realizo sin amarlos?». Así, saldrán a la luz las tareas que están especialmente maduras para este trabajo.

Elija una tarea determinada y encabece una página con el título «No amo el acto de X porque ___». Enumere todas las razones que le acudan a la mente. Advierta lo sólidas y objetivas que parecen esas razones. Por ejemplo, no es posible que ame su trabajo si le obliga a estar de pie y le duelen los pies.

Pregúntese a sí mismo si está *dispuesto* a disfrutar de este trabajo, a pesar de la aparente verdad de sus razones. Aunque le duelan los pies, ¿está dispuesto a regocijarse por el hecho de atender a los clientes? Si es así, cada vez que realice este acto permanezca en contacto con su propósito. Dígase a sí mismo: «Este cliente (este jefe, esta tarea) es un espejo: me refleja mi estado mental, mi enfoque en lo negativo o en lo positivo». Así se confundirán las voces que le cantan sus razones para que no le guste la actividad. De esta manera, si bien sus razones para que no le guste la tarea pueden ser válidas, usted les da menos fuerza.

Práctica 106

ACTÚE A PARTIR DE UNA IMAGEN DE SÍ MISMO COMO AMANTE

Como nada es más importante que cualquier otra cosa, un hombre de conocimiento elige cualquier acto, y lo desempeña como si le importase.

DON JUAN (CARLOS CASTANEDA)

En esta práctica, usted se forja una imagen mental de sí mismo en sus actividades comunes como amante. En primer lugar, para las muchas actividades de las listas que preparó en las prácticas 104 y 105, pregúntese: «¿Qué imagen tengo de mí mismo en este papel?». La imagen se puede expresar por medio de representaciones visuales o por una voz interior que le dice, por ejemplo, que cuando va a comprar alimentos está haciendo de criada para una familia desagradecida, que no solo quiere comer mejor, sino que quiere gastarse menos dinero en alimentos.

A continuación, ensaye en su imaginación cómo podría desempeñar este papel, hacer este acto, con el amor más profundo. ¿Cómo compraría alimentos la Madre Teresa? Proyecte estas imágenes sobre su pantalla mental, y obsérvese y siéntase a sí mismo comportarse así. Después, mientras realiza la acción, cree en primer lugar la imagen mental de sí mismo como amante, y a continuación represente esa imagen. Sea la Madre Teresa comprando alimentos.

No se preocupe por el hecho de que *representar* no sea lo mismo que *hacerlo de verdad.* Las experiencias son semejantes; pregúnteselo a una actriz que acabe de representar una escena de amor. Sus representaciones anteriores, basadas en la costumbre, como si su conducta no tuviera nada que ver con el amor, también evocaban sentimientos (el sentimiento de seguir los pasos de la acción cínicamente), y no eran menos de verdad que esto. Haga que el acto de verdad sea una vida de amor. No se conforme con menos.

Práctica 107

¿CUÁL ES EL PROPÓSITO DE ESTE ACTO?

Lo que diferencia al guerrero del hombre medio es su elección constante de un camino con corazón. Sabe que un camino tiene corazón cuando es uno con él, cuando experimenta una gran paz y placer al recorrerlo.

DON JUAN (CARLOS CASTANEDA)

La sociedad tiende a considerar que el propósito de la mayoría de los actos es realizar alguna tarea. Esto es razonable, porque la sociedad acaba de salir de una situación de pobreza en la que la gente solía tener la necesidad de concluir una tarea para sobrevivir. Si fracasaban, les esperaba el frío, el hambre y la enfermedad. En estos tiempos, nuestra supervivencia física no depende de si conseguiremos el próximo ascenso ni de lo limpia que tenemos la cocina, pero todavía es posible que atribuyamos a nuestros actos motivaciones relacionadas con la supervivencia. Es muy diferente trabajar en nuestro puesto de trabajo para conseguir el símbolo que es un ascenso que trabajar en nuestro puesto de trabajo como vehículo de amor.

Si usted hace alguna cosa simplemente para concluir la tarea, cuando haya concluido su experiencia no será más que la de haber hecho una tarea más. Si hace alguna cosa como medio de expresar su amor, su experiencia será la de acariciar el mundo mientras lo hace. Los actos son medios para llegar a las experiencias de calentamiento del corazón del amor, además de medios para realizar alguna tarea.

Haga lo que haga, pregúntese a sí mismo: «¿Con qué propósito estoy comprometido?». Puede descubrir que la respuesta es: «Con ninguno; hago esto porque tengo que hacerlo», «para conseguir esta meta», «para ganar algo de dinero», «para agradar a alguien», «para tener algo en qué ocupar el tiempo», o «para convencerme a mí mismo de que valgo la pena».

Los actos de amor no empiezan con una técnica, sino con el amor. Por lo tanto, afirme que está haciendo uso de sus actos para expresar un propósito de amor determinado. Este propósito puede ser el bienestar de otra persona, de un grupo, de una empresa común, de la posteridad o del mundo. Puede consistir en hacer funcionar algo según nuestros valores, o hacer algo de una manera eficiente, o comunicar algo, o expresar un sentimiento, crear una intimidad, cooperar, hacer algo hermoso, encontrar una verdad, aprender una lección, construir un mundo en el que los conflictos se resuelvan pacíficamente, o vivir de tal modo que las generaciones venideras sean capaces de vivir una vida más rica.

Práctica 108

APROVECHE ESTE ACTO PARA EXPRESAR CARIÑO

El cariño es lo más grande, el cariño es lo que más importa.

FRIEDRICH VON HÜGEL (ÚLTIMAS PALABRAS)

Todos los motivos se reducen, en último extremo, al cariño. Todos los actos reflejan lo que más nos importa en este momento. Siempre que usted decide hacer alguna cosa, elige la que le importar más. El desafío de un camino de amor es sentir un cariño cada vez más intenso por lo que tiene presente en su vida, sin quedarse aferrado al modo en que resultan las circunstancias. Puede derramar cariño al mundo, pero si exige que sus actividades sean como usted quiere, se engancha a sí mismo a algo que no puede controlar.

Aquí aplica el cultivo deliberado de la vigilancia, práctica 27, para que sus actos sean expresiones de su amor. Antes de emprender un acto, haga una pausa, y después comprométase a aprovechar el acto para expresar su cariño. Después, hágalo con cariño, con un cariño profundo, y acaricie a todo el mundo a través de esa actividad. Relájese físicamente y muévase con soltura. Acaricie el piano cuando lo toque, y deje que el sonido acaricie el mundo. Que su mantra sea: «Con este acto acaricio el mundo».

Práctica 109

DEDÍQUESE DE TODO CORAZÓN A LO QUE ESTÉ HACIENDO

Alguien me aburre; creo que soy yo mismo.

DYLAN THOMAS

En el funeral de un gran maestro hasídico, preguntaron a un discípulo qué había sido lo más importante para su maestro. Respondió: «Lo que estaba haciendo en cada momento».

RELATO HASÍDICO

Aburrido, monótono, quemado, repitiendo mecánicamente los pasos: estas son las experiencias de nuestro tiempo. Si el amor es un sí de todo corazón, es posible que usted haya decidido desde hace mucho tiempo que el amor no era para usted, pues ¿cuánto tiempo hace que no experimenta nada de todo corazón?

Primero se siente aburrido, y echa la culpa de su sentimiento a un mundo que no es lo suficientemente interesante. Como nada lo estimula lo suficiente para que desee dedicarse a ello, se retrae en la inactividad, y su fuerza de voluntad se agota y se afloja por falta de uso. Su falta de dedicación a la vida crece como una bola de nieve.

En esta práctica, usted se dedica de todo corazón a lo que esté haciendo. Encabece una o varias páginas en su diario con el título «¿Qué estoy haciendo que no valga la pena?». Tome notas durante una semana o dos. Mire dentro de sí para descubrir qué es lo que determina que algo valga o no la pena de hacerse. ¿Por qué hace algo que no vale la pena? ¿Por qué no dejar de hacerlo, simplemente? Si tiene consideraciones válidas para seguir haciéndolo, entonces ¿acaso vale la pena realizar ese acto, después de todo?

Cuando sepa claramente cuáles son los beneficios de hacer esos actos de su lista, pregúntese si va a seguir dedicando su tiempo a hacerlos. Si es así, pregúntese si está dispuesto a dedicarse a hacerlos de todo corazón. ¿Está dispuesto a conmoverse por el hecho de hacerlos? De ser así, deje de evaluarlos, deje de juzgarlos, deje de luchar contra ellos: *dedíquese* a ellos.

La fuente del interés es la dedicación; la fuente del entusiasmo es la participación. Dedique un tiempo suficiente a cualquier cosa que tenga entre manos. Anime su dedicación; amplíe su expresión con las manos y con el rostro, hable más fuerte, más alto y más bajo. Propóngase derramar toda su atención y todo su cariño sobre la vida.

Práctica 110

HAGA QUE LO PARTICULAR REPRESENTE A LO GENERAL

Todo lo que hagáis al más pequeño de entre vosotros, me lo habréis hecho a mí.

JESUCRISTO

En esta vida yo no he llegado a acostar a todos los niños del mundo. He acostado a Karen y a Elizabeth. Solo a ellas dos. Pero han sido muchas las noches en que, a la hora de acostarlas, la voz de mi mente me decía: «No quiero dejar de leer o de escribir solo para levantarme y acostaros». Aquí está Elizabeth, la familiar, la de costumbres fijas, la que siempre está aquí a esta hora. «Esto ya lo he hecho antes.» Pero si quiero abrazar a una niña, tocarla con amor y leerle un cuento y acostarla, esta es mi única oportunidad. A través de ti, Elizabeth, puedo expresar cuánto amo a los niños, a mil millones de niños que pueden vivir en el mundo; algunos hermosos, algunos hambrientos, algunos asustados, algunos solos y algunos felices. Solo al reírme contigo y al tocarte puedo reírme con todos los niños y tocarlos.

Que las personas, objetos o tareas concretas que tiene delante representen ofrendas de todo el universo para que usted las ame. Representan a todas las personas, objetos o tareas. No se niegue a amar a esos objetos particulares por estar esperando a que la vida le ofrezca algo tan poderoso que *tenga* que reaccionar ante ello. Cuando sirva a otra persona, sienta que sirve a la humanidad. *Usted* ha reaccionado ante *esta persona.* Ha ayudado a *este* hombre a resolver su problema. Ha hecho reír a *esta* mujer. No está limitándose a aplicar una fórmula de servicio y a esperar que le sirva para ir tirando un día más.

Que la persona, objeto o actividad concreta (la que tiene delante ahora mismo) represente a lo general. Exprese su amor hacia todas las personas a través de esta persona concreta con la que está hablando; exprese su amor hacia todo el mundo a través de esta flor concreta que está regando. Solo puede mantener relaciones amorosas con el universo a través de estas personificaciones del universo que entran en su vida.

Trabaje para su propia «cuenta de resultados»

El trabajo es el amor hecho visible.

JALIL GIBRÁN

En las empresas y en los medios de difusión oirá hablar mucho de las «cuentas de resultados», que son una medida basada en unos criterios acordados previamente del valor último de la producción de una actividad. Su trabajo puede tener una «cuenta de resultados» propia: mayor producción, mayores beneficios, mayor cuota de mercado, más clientes servidos, sueldo mayor. Pero las medidas de las cuentas de resultados no tienen en cuenta el *corazón* de la actividad, que es el amor de las personas que participan en ella.

Cuando usted deja de prestar atención al amor, por la razón que sea, está en el camino que conduce a quemarse. Puede quemarse en cualquier parte de su vida: en su trabajo, en su matrimonio, en su labor como padre, en una afición, en un animal querido, o en su espectáculo favorito, o en todo a la vez. Si presta atención al amor, haga lo que haga, no se quemará, arderá con el fuego de un amor cada vez más profundo.

Toda práctica que intensifique el amor le impedirá quemarse. He aquí algunas que le harán trabajar para su propia cuenta de resultados, para amar la vida a través del trabajo.

Práctica 111

TENGA CLARA SU «CUENTA DE RESULTADOS»

¿De qué le sirve a una persona ganar todo el mundo si pierde su alma?

JESUCRISTO

Sin que importe cuál sea la cuenta de resultados oficial de cualquier acto que realice, tenga clara *la suya propia.* Sepa que todos los actos son, en última instancia, excusas para amar. Afortunadamente, algunos actos devengan unos beneficios añadidos, como la producción y el sueldo, que a su vez contribuyen a la alegría humana al repercutir estos beneficios por todo el mundo.

Sin dejar de reconocer los beneficios como la producción y el sueldo, manténgase atento a su propia cuenta de beneficios, al propósito último de su actividad, que es derramar energía de amor sobre el mundo, aportar algo a las vidas de sus compañeros de trabajo y de sus clientes, ofrecer al mundo lo que necesita, facilitarle a usted un vehículo para ofrecer sus servicios. Se necesita decisión y práctica para trabajar para nuestra propia cuenta de resultados cuando parece que los que nos rodean creen en la oficial. Esa decisión y esa práctica forman parte de un camino de amor. Con el tiempo, transformarán el mundo.

Práctica 112

REGOCÍJESE CON EL TRABAJO, NO CON EL APLAUSO

Todo por amor, y nada por el premio.

EDMUND SPENSER

No es necesario tener grandes cosas que hacer. Yo doy la vuelta a mi tortillita en la sartén por amor a Dios.

HERMANO LORENZO

Sirva a los demás por la alegría de servir, y no para agradar a otra persona o para ser usted mismo una persona adecuada o digna de amor. No siempre agradará a los demás cuando los sirva. Nunca podrá controlar el resultado de sus actividades. No obstante, aunque a los demás les desagrade lo que ha hecho, habrá vertido energía amorosa en sus actos.

En muchas actividades, el reconocimiento público tiene forma de pirámide: algunas personas, muy cerca de la cúspide, reciben alabanzas generalizadas y recompensas, pero la mayoría de las personas trabajan a menor nivel, y son menos conocidas y menos recompensadas. Por cada gimnasta olímpica que la televisión nos presenta como un ídolo, existen centenares de miles de muchachas en leotardos sudando en sus prácticas y cayéndose de las barras de ejercicios. Regocíjese del nivel que alcance en la pirámide del reconocimiento público. Le resulta imposible llegar a la cúspide de la misma sin la existencia de todos los demás. No ha existido ningún ganador del premio Nobel sin que existieran millares de personas pensando, aprendiendo, enseñando y escribiendo sin soñar con ganar premio alguno. Si celebramos a las personas de la cumbre, no es por ellas mismas, sino como ejemplos concretos de toda la pirámide. En cuanto olvide esto, devalúa su propio trabajo y el de todos los demás de la pirámide.

Seedric, nuestro pinzón rayado que pesa quince gramos, canta en su jaula desde que sale el sol hasta la hora de acostarse, compartiendo su energía con el mundo. Para él es lo mismo que lo escuche alguien o no. Se ofrece a sí mismo en el canto, de pura abundancia, de pura alegría. ¿Está usted dispuesto a ofrecerse a sí mismo, de pura abundancia y de pura alegría; sin que le importe cómo pueda juzgarlo nadie allí fuera, sin que le importe si lo aceptan o no?

Práctica 113

RECONOZCA LA ALEGRÍA DE SERVIR

Sea cual sea el hecho, tú eres su origen. Dios se manifiesta a Sí mismo a través de ti, a través de tu voluntad.

EL MAGGID DE MEZERITCH

Reconozca los momentos de alegría por el servicio, y regocíjese con ellos. Es fácil dar por supuesto nuestro propio servicio. Las voces nos vienen a la cabeza rápidamente para quitar valor a lo que hacemos: «Al fin y al cabo, soy enfermera: me pagan para que ayude a las personas a sentirse mejor». «Se supone que las madres debemos cocinar la cena de la familia.» «Lo que hice no es más que una gota en el mar si se compara con lo que se tiene que hacer (o si se compara con lo que hace otra persona determinada).»

Usted no conseguirá jamás acallar esas voces, pero eso no quiere decir que tenga que reforzarlas. Cada día, dedique un minuto a reflexionar sobre sus momentos de servicio. No establezca comparaciones en el camino de amor; atesore *todo* el amor. Agradezca calladamente a la persona o al objeto que hayan estado en su vida para que usted prestara un servicio, para que pudiera verter en él su energía de amor.

Práctica 114

AME SUS HERRAMIENTAS

Donde el espíritu no trabaja con las manos, no hay arte.

LEONARDO DA VINCI

Desarrolle una relación de amor con las herramientas de su actividad. Cuide con cariño sus libros, sus instrumentos, sus utensilios de cocina, su ordenador, sus zapatos, su bicicleta, su coche y su cuerpo. Preséntese a ellos, tóquelos con cariño, y establezca con ellos un pacto de cooperación mutua para expresar el amor.

Práctica 115

HAGA UNA PAUSA EN SU TAREA PARA DEJAR CLARO SU PROPÓSITO

Siempre que, durante la caza diaria, el cazador rojo se encuentra con una escena notablemente hermosa o sublime (una nube de tormenta negra con el arco iris reluciente sobre la montaña; una cascada blanca en el corazón de una quebrada verde; una ancha pradera teñida del rojo de sangre de la puesta del sol), hace una pausa durante un instante en actitud de veneración.

OHIYESA

Haga una pausa a la mitad de una tarea o de un viaje. Su experiencia de una actividad suele quedar disminuida si usted mantiene en la mente la meta de la tarea mientras la realiza. Advierta cómo cambia su experiencia de conducir el coche cuando cambia su enfoque, desde conducir para ir al trabajo hasta conducir con alegría. Para salir de una mentalidad de eficiencia, dirigida a los objetivos, a la cuenta de resultados, interrumpa lo que esté haciendo. Deténgase a la mitad, sin ningún propósito determinado, salvo el de ver dónde está, apreciar lo que hace y con quién lo hace, regocijarse con las imágenes y con los olores, y demostrar que su verdadero propósito no es terminar la labor. Después, vuelva a comprometerse con su propósito de amor, y continúe.

... esa parte mejor de la vida de un hombre bueno,
sus pequeños actos sin nombre y olvidados
de amabilidad y de amor.

WILLIAM WORDSWORTH

13

El amor de sí mismo. La alegría de vivir

En verdad, no todo es digno de amor para que puedas amarlo todo; sino que todo es digno de amor para que puedas amar tu yo.

LOS *UPANISHADS*

EL propósito de este capítulo es conseguir que usted haga las paces con su yo, de modo que termine por relajarse, por prestar menos atención a ese yo, y por aprovechar su vida para amar todas las cosas y para regocijarse de estar vivo.

Su autoimagen

La autoimagen de una persona es su propio concepto de «el tipo de persona que soy». No discutimos su validez, sino que nos basamos en ella como si fuera verdadera. Las personas actúan, sienten y se comportan (incluso adquieren habilidades) de una manera que les permita ser consistentes con esa autoimagen. En resumen, usted actuará como el tipo de persona que cree que es.

MAXWELL MALTZ

Cuando empieza a conocerse a sí mismo, la primera pregunta natural será: «¿Qué es un *yo?*». Como usted lo ha sido siempre, puede plantearse esta pregunta a la luz de una experiencia de toda la vida.

Práctica 116

¿QUIÉN ES USTED?

La pregunta «¿Quién soy yo?» es el único método para poner fin a toda la desventura y hacer entrar la suprema bienaventuranza.

SRI RAMANA MAHARSHI

Encabece una página de su diario con la pregunta «¿Quién soy yo?». Anote las muchas respuestas que le vengan a la cabeza. Anote las respuestas que le han dado otras personas, y las que le dan a veces sus voces interiores. Algunas de ellas pueden contradecirse con otras. Encabece otra página con el título «¿Quién no soy yo?». Vuelva a anotar todas las respuestas que le vengan a la cabeza. Puede encontrar que algunas respuestas figuran en ambas listas, pues una misma respuesta puede responder a ambas preguntas en función de cómo se mire.

Encabece otra página con el título «Yo soy...». Advierta cómo varían sus respuestas en función de cómo se siente, de si la última persona a la que vio le dirigió una sonrisa o una mueca, o en función de los progresos que esté realizando para alcanzar su meta actual.

Son incontables las personas que han utilizado este sistema como práctica primaria en el camino espiritual de toda su vida. Una ventaja de luchar con estas preguntas es el hecho de darse cuenta de que decimos que somos quienes somos a base de identificar nuestro yo con alguna característica o esquema del pasado, o basándonos en alguna frustración o éxito del presente. Estas identificaciones trivializan lo que es ser un ser humano. Usted es más grande que todo eso.

Práctica 117

¿EN QUÉ HECHOS BASA SU AUTOIMAGEN?

El que conoce a los demás es sabio; el que se conoce a sí mismo está iluminado.

LAO TSE

Si te has mirado a ti mismo, verás que eres un manojo de recuerdos... del pasado o de lo que puedes ser en el futuro, proyectados desde el pasado.

J. KRISHNAMURTI

Su autoimagen es un modelo mental de quién y qué es usted que usa para plantearse e interpretar hechos. Se basa en recuerdos del pasado que evoca selectivamente, y en interpretaciones y generalizaciones habituales. Cuando dice o piensa «Yo soy...», asocia un concepto de importancia vital al que llama «su yo» con alguno de sus papeles, puntales o recuerdos, y al modo en que interpreta ese papel o ese recuerdo. Seguramente ni siquiera se da cuenta de tener una auto*imagen;* le parece que es una descripción veraz de quién es. Pero es muy raro que una «descripción veraz» cambie con cada sonrisa o con cada mueca, con cada éxito o con cada fracaso.

Usted sustenta el *yo* de su autoimagen a base de identificarse continuamente; es decir, de hacer su yo idéntico a alguna otra cosa, de tratar a los dos como si fueran lo mismo. Usted ve la timidez y asocia su modelo interior de su *yo,* de importancia vital, al concepto de *tímido,* y de ahí deduce: «Yo soy tímido».

En esta práctica, recoja alguna de sus respuestas a la práctica anterior y encabece una página con esa respuesta; por ejemplo: «Yo soy tímido». Después, enumere por una cara de la hoja ocasiones concretas en las que recuerde que se ha sentido o comportado de una manera que calificaría de tímida. Por la otra cara de la hoja, anote ocasiones concretas en las que se ha sentido o comportado de la manera opuesta, como lo haría una persona con confianza o con seguridad.

No acepte ninguna voz que le diga que jamás ha hecho nada con confianza. Corre riesgos y participa en el mundo con confianza todos los días; lo único que hace es pasar por alto esas ocasiones considerándolas menos importantes que las veces en que se comporta con timidez. Si no se le ocurren muchas ocasiones de confianza, es que las está buscando demasiado grandes. Confórmese con las menores. Limite el periodo temporal en que busca a la semana pasada, o incluso al día de hoy.

Vea lo arbitraria que es su generalización: «Yo soy tímido». Si usted es tímido, también tiene confianza. Refuerce la voz que dice: «Yo soy tímido» porque recuerda selectivamente las ocasiones en que se sintió a disgusto rodeado de personas que no le resultaban familiares. «Yo soy tímido» es una metáfora que se confirma a sí misma, a través de la cual se ve a sí mismo. Ahora, cuando se acerca a las personas, se entona a sí mismo: «Yo soy tímido, soy tímido. Esto es terrible, porque soy tímido». No es de extrañar que se encuentre a disgusto, y por eso su timidez crece como una bola de nieve.

Para descubrir lo que quieren decir verdaderamente sus afirmaciones del tipo «Yo soy...», sustituya la palabra *soy* por la palabra *como.* «Yo *soy* tímido» quiere decir: «Yo, como tímido; yo me veo a mí mismo como tímido». Nunca ve a su propio yo sino a través de estas metáforas. La palabra *es* convierte un mundo cálido, fluido, verbal, en un espacio frío lleno de npmbres sólidos. El *es* da seguridad a la vida; permite que sea previsible y controlable. Pero también exige que nos resignemos a la *realidad.* El *es* quita a nuestra vida la libertad, la posibilidad, la vida. Sea cual sea su autoimagen, cuanto más centre su vida en ella, menos podrá vivir la vida con frescura, respondiendo ahora mismo a lo que tiene delante.

Práctica 118

YO NO SOY ESO

El que se define a sí mismo no puede saber quién es verdaderamente.

LAO TSE

En esta antigua práctica, usted empieza a eliminar la solidez de su autoimagen. Cultiva una voz que dice: «Yo no soy eso», frente a la voz habitual que dice que sí lo es. Siempre que encuentre que su atención es arrastrada hacia su autoimagen y hacia lo importante que es, será un buen momento para realizar esta práctica. Elimina el poder hipnótico de las afirmaciones del tipo «Yo soy...», y por lo menos las convierte en metáforas relativamente inocuas del tipo «yo, como...».

Tome cada respuesta a las preguntas «¿Quién soy yo?» y «Yo soy...», de la práctica 116, y niegue la identificación que supone su respuesta. Al encontrarse con respuestas del tipo: «Yo soy tímido», niegúelas, alegando como prueba las muchas ocasiones diarias en que se comporta y siente con confianza. Al encontrar respuestas del tipo: «Yo soy padre», no niegue, por supuesto, que la misión de padre es uno de sus papeles. Lo que negará es que este papel lo define a fondo, que su papel expresa de algún modo su esencia, que expresa *quién* es usted. Usted es una persona que representa el papel de padre, del mismo modo que representa muchos otros papeles a lo largo de toda su vida. Las personas se identifican tan frecuentemente con su cuerpo, con sus pensamientos y con su conducta mecánica que vamos a presentar una práctica independiente para cada una de estas identificaciones.

Práctica 119

YO NO SOY MI CUERPO

El propósito es no identificarse con el cuerpo, que se está cayendo a pedazos, sino con la conciencia cuyo vehículo es.

JOSEPH CAMBELL

Está claro que posee un cuerpo físico que puede sentir y controlar, por lo menos hasta cierto punto. Pero cuanto más identifica a su *yo* con ese cuerpo, más tiene que proteger dicho cuerpo, velar por su seguridad, por su aspecto y por su salud, y distraer así su atención de lo que tenga delante para ser hecho y amado. Su cuerpo cambia espectacularmente durante los muchos años de su vida, pero usted no cambia proporcionalmente. Si le amputasen las piernas, si perdiera la vista o el oído, se modificaría su cuerpo y sus actividades, pero no necesariamente se reduciría *usted. Usted* no es su cuerpo; en vez de ello, usted *tiene* un cuerpo.

Contémplese al espejo durante diez minutos quizá, y limítese a *estar con* la imagen de su cuerpo, del mismo modo que vivió la experiencia de estar con otra persona en la práctica 54. Advierta las voces interiores que se sienten obligadas a valorar la imagen que tiene usted delante. ¿Qué importancia le parece que tienen sus juicios? ¿Qué voz suele reforzar usted: la crítica o la afirmativa? ¿Es usted ese cuerpo que está mirando? Si lo es, ¿quién es ese que acaba de decidir decir que sí? ¿Quién está mirando?

¿Está usted dispuesto a renunciar a criticar este cuerpo por su aspecto o por su funcionamiento? Que lo hagan otros si quieren. ¿Cuánta gratitud puede usted sentir por él por los incontables servicios que le brinda cada día? Por muy débil o enfermo que esté su cuerpo, se están produciendo en su interior miles de millones de procesos complejos en su momento justo; de lo contrario, usted no estaría aquí. Manifiéstele su agradecimiento. Diga a su cuerpo: «Te amo», y siéntalo.

Práctica 120

YO NO SOY MIS VOCES INTERIORES

Cada pensamiento que tienes no es más que un globo sonda, un borrador que le envía, el que le redacta los discursos para que usted pueda decidir si está de acuerdo o en desacuerdo.

BILL HARVEY

Usted sabe con cuánta intensidad afectan sus voces interiores a sus experiencias. Está claro que esas voces no pueden ser *usted,* porque usted puede elegir las voces que debe pasar por alto y las que debe tomar en serio. El pensamiento disciplinado es una gran herramienta para el amor, pero no es fácil disciplinar las voces interiores. En la práctica 19 usted las oyó charlar, hacer planes, analizar, criticar, sabotear sus metas y hacer polvo sus propósitos. Nunca satisfechas, repitiendo muchas veces viejas frases de representaciones antiguas, estas voces lo seducen para que se identifique con ellas: «Desde luego, ¿qué puede ser esa voz sino la voz verdadera de mi yo?».

Dedique unos momentos a recordar algunos de los rasgos que le agradan de la imagen de su yo, y dígase a sí mismo en su mente lo magníficos que son esos rasgos. Después, recuerde algunos de los rasgos que le desagradan de esa imagen, y dígase a sí mismo lo malos que son. Para ayuda de su memoria, vuelva a sus notas de la práctica 117, en la que preparó una lista de los hechos en los que ha basado su autoimagen. Alabe a su «yo», y critique después a su «yo», saltando de un extremo al otro a voluntad. «Soy tímido, tengo confianza.» «Soy tonto, soy listo.» Repita esta práctica una y otra vez; diga un sí a su «yo», y después dígale un no. *Usted* no es esas voces. En vez de ello, *usted* es quien las está escuchando.

Esta práctica le muestra lo arbitrario que es el juicio de su autoimagen. Su yo no es un nombre, no es un objeto que se deba evaluar o apreciar. Usted es un ser humano, y los seres humanos se sienten tímidos unas veces y confiados otras. Todos los seres humanos cambian con el tiempo y pueden elegir la dirección en la que cambian.

En el amor de sí mismo no existe ningún objeto que sea amado ni ningún objeto que sea el amante; existe la experiencia de amar. Eso es lo que es el amor de sí mismo. Todo amor es amor de sí mismo. La experiencia de un sí dirigido hacia un ser amado afirma al mismo tiempo la vida en la que ocurre.

Práctica 121

NO SOY UNA MÁQUINA

> *Lo que resulta especialmente interesante sobre las explicaciones es que no explican nada; y lo que resulta especialmente peligroso sobre ellas es que si se toman lo suficientemente en serio y se llevan lo suficientemente lejos, se limitan a quitarse de encima las cosas a base de explicaciones.*
>
> ALAN WATTS

Una máquina es un objeto que podemos explicar. Funciona según unas reglas y según unos propósitos que se le han incorporado desde el exterior. Como no tiene conciencia, no tiene posibilidad de elección de su conducta.

Por supuesto, nuestro cuerpo hace uso de mecanismos físicos, químicos e informáticos, y nuestra vida está limitada por factores como la herencia biológica, la sociedad, la nutrición y las experiendas pasadas. Si usted afirma que está *determinado* por esas limitaciones, que es una máquina y que no es libre, puede regir su vida por esa creencia, y su experiencia la confirmará. Le parecerá que usted no es más que una reacción a su estructura y a lo que le sucede. Pero si usted afirma que, aun a pesar de estar limitado por muchos factores, tiene la libertad de tomar decisiones, puede regir su vida por esa creencia. Entonces, su experiencia confirmará su libertad. No es de extrañar que haya sido tan difícil establecer la cuestión de si las personas son libres o están determinadas: sea cual sea la impresión que tiene una persona al respecto, la ve confirmada en su vida.

Refuerce su libre albedrío ejercitándolo. Tome una actividad frecuente y encabece una página de su diario con el título: «¿Por qué hacer/por qué hice X?». Anote todas sus consideraciones sobre la actividad, tales como: «Los platos sucios se amontonan en la pila, y no quedan platos limpios para comer». Estas son las razones que le brinda la voz de su mente, cuya labor parece consistir en no dejar de explicarle la vida.

En esta práctica, usted pone otra voz junto a la primera. No cambia las consideraciones: por supuesto que se amontonan los platos. Pero podrían comer en platos de papel. El verdadero motivo por el que lava los platos es que *dijo que lo haría. Decidió hacer esto.* Después de plantearse salir a cenar fuera y dejar los platos, eligió lavarlos.

Tome sus decisiones conscientemente, en lugar de elegir en función de las consideraciones prácticas evidentes. Cuando suene el teléfono, no se levante para cogerlo simplemente porque suene. Podría dejarlo sonar. Si lo coge, hágalo *porque ha decidido hacerlo.* Al mediodía, no coma su almuerzo porque es la hora de hacerlo, o porque tiene hambre; cómalo porque ha decidido hacerlo. Dado el mundo y dado su yo, tal como los comprende ahora mismo, ha decidido hacer esto por encima de todo lo demás.

Así sustituye la conversación interior mecánica de una persona movida por las circunstancias por la de una persona libre. La libertad quiere decir ser capaz de decidir por sí mismo sus actos y sus pensamientos; a la luz de su comprensión de su yo y del mundo, evidentemente. Para abrir un camino de amor en el mundo moderno es necesaria la libertad. Usted es tan libre como aprende a serlo.

Práctica 122

YO SOY ESO

¿Me contradigo?
Muy bien: me contradigo.
(Soy grande, contengo multitudes.)

WALT WHITMAN

En esta antigua práctica, usted cultiva una voz que dice: «Yo soy eso», enfrentándose a las voces habituales que lo distancian de lo que tiene delante. Es un vehículo para amar más y para cultivar la unidad con el mundo.

Usted utiliza el «yo soy eso» o el «yo formo parte de esto» como un mantra, como una práctica de compasión y de unidad con lo que tenga delante. Ve a un hombre que rebusca comida en el cubo de la basura, y dice: «Yo soy eso». No se limite a decirlo: siéntalo. Siéntase frío y hambriento, buscando algo comestible entre los desperdicios. Contempla al martín pescador, orgulloso y engreído, posado en los cables de la luz ante su casa, y dice: «Yo soy eso». Sienta la increíble libertad de energía y de alegría de gritar al mundo su canto estridente. En esta práctica, usted identifica su yo con cualquier cosa y con todo, no por costumbre ni por sentir que no le queda ninguna otra posibilidad, sino porque decide hacerlo así.

Hacer las paces con su pasado

En la cueva de los espejos se pone a correr el perro.
Ve su propio reflejo, y se muere de tanto ladrar.

KABIR

El problema de su imagen de su yo es la cantidad de significado que usted le atribuye, así como a su imagen de las imágenes que otras personas tienen de usted. Al fin y al cabo, cuando usted era pequeño, su supervivencia parecía depender de lo que pensaban los demás de usted. Tenían que darle de comer y protegerlo y amarlo para que usted viviera. Ahora que es mayor, su supervivencia ya no depende de cómo lo traten los demás, pero sus hábitos ya están formados; ha asociado la supervivencia de su yo con los juicios de su autoimagen.

Cuando parece que los juicios sobre su yo controlan su supervivencia, los hechos no son importantes por sí mismos, sino por su efecto sobre el modo en que se le juzga a usted. Así, los hechos se convierten en dramas, y los dramas en melodramas. «¿Qué tal lo hago?» «¿Qué piensa ella de mí?» «¿Lo he hecho bien?» «No soy lo suficientemente bueno.» Usted vive sumergido en una conversación mental sobre si su imagen de su yo está a la altura de una serie de principios o de expectativas mal definidas. Como es probable que usted considere que no da la talla, vive en una nube de negatividad.

Sus relaciones con su yo son verdaderamente sus relaciones con su pasado. Son los recuerdos concretos de lo que ha hecho y sentido, y el modo en que interpreta estos recuerdos o lo que siente sobre ellos. Hace las paces con su propio pasado del mismo modo que hace las paces en cualquier relación de enfrentamiento: reinterpreta y supera los recuerdos selectivos de errores y de injurias que le distraen la atención de la vida y del amor ahora mismo.

Práctica 123

APRECIE SU PASADO

¿No conoces la belleza de tu propio rostro? ¡Abandona ese estado de ánimo que te conduce a una guerra contigo mismo!

EL MASNAVI I MA'NAVI

Esta es una práctica de autorreconocimiento, de autoapreciación. Empiece por su diario y repase toda su vida para encontrar sucesos, actividades, experiencias y proyectos importantes de los que haya sido responsable usted. Busque el modo en que su vida ha afectado a los demás, sentimientos memorables que haya tenido, metas que haya alcanzado. Para ponerse en marcha, le vendrá bien encabezar páginas de su diario con estos títulos: «He sido responsable de...», «He cuidado de...», «He sido el causante de...», «He sentido...». He aquí los campos en los que puede buscar sucesos importantes.

1. *Personas.* Entre estas pueden contarse su familia (padres, hermanos, cónyuge, hijos), sus colegas y compañeros, sus compañeros sentimentales, sus jefes, sus empleados, y otras personas.
2. *La calidad de su propia vida.* Su vida interior, la alegría, la satisfacción, el amor y la paz que ha vivido, así como el modo en que llevó las pérdidas, el dolor, las desilusiones y las frustraciones.
3. *Su cuerpo.* Cómo lo ha usado y cómo lo ha cuidado, cómo ha vivido con él en los buenos tiempos y en los malos.
4. *Recursos.* Cómo ha aprovechado el dinero, las herramientas, las oportunidades, los recursos naturales y el apoyo y la cooperación de los demás.
5. *Sus logros.* Lo que ha construido o logrado y lo que no ha logrado; las metas que ha alcanzado y las que no ha alcanzado; el trabajo que ha realizado.
6. *Ideas y habilidades.* El aprendizaje, la organización, la creación, la ejecución, el desarrollo, el compartir, el trabajo y las actuaciones que han intervenido en todo lo que ha hecho.
7. *Valores.* Cómo se ha acercado a sí mismo, a la sociedad y al mundo hacia una vida mejor.
8. *El mundo.* Su impacto sobre las personas a las que ha tocado, sobre los objetos con los que ha trabajado, sobre los animales, las plantas, la tierra.
9. *Desarrollo espiritual.* Aplique su propio significado a este campo.

No deje de realizar esta evaluación por el hecho de que puede pasarse el resto de su vida trabajando en ella. Si le resulta difícil encontrar elementos, es que está buscando cosas demasiado importantes. Para salvar esa barrera, realice la práctica para los hechos de la última hora y propóngase encontrar por lo menos veinte. Si se encuentra abrumado por elementos, limítese a elegir algunos centenares que le parezcan importantes hoy.

Del mismo modo que la gente le ofrece un regalo cuando le permiten que les preste un servicio, usted ofrece algo a los demás cuando les permite otro tanto. Por eso, no olvide felicitarse a sí mismo por haber permitido a los demás que lo amen, que le presten servicios, que le enseñen, que le ayuden, que compartan con usted, que trabajen con usted, que sepan que usted los tiene como modelos, o que contribuyan al desarrollo de usted. Usted da algo a sus padres o a sus maestros cuando les permite que lo amen o le enseñen.

Si le vienen a la cabeza elementos que le arrancan un no de corazón, añádalos a la lista de la práctica 126, que veremos más adelante.

Ahora, felicítese a sí mismo por haber provocado cada uno de los elementos de su lista. Valore y aprecie cada uno de ellos: usted hizo aquello, usted provocó aquello. Lo ha hecho bien, ha amado, ha aprendido, ha ayudado a los demás. Las repercusiones de su vida, que reverberan por el mundo, son buenas. Deles valor. Ha vertido mucha energía de amor en el mundo, y ha sentido mucho amor.

Reúnase con algún amigo o con un miembro de su familia y comparta con él su lista de elementos, valorándolos como una serie de triunfos. Dedique a esta actividad treinta minutos, o quizá mucho más tiempo, y, elemento por elemento, valore ante esta persona su propio pasado. La labor de esta persona consiste simplemente en comprender lo que usted dice y en hacerse una idea de la diferencia que ha supuesto la vida de usted. Para ellos se trata de un ejercicio de amor y de escucha, de modo que solo deberán interrumpirlo con algún que otro asentimiento con la cabeza o con unos pocos comentarios de apreciación.

¿En qué medida le resulta difícil aceptar el desarrollo y los logros de su vida? ¿Entrega usted automáticamente su fuerza a una voz que lo invalida todo, y da la espalda mecánicamente, por costumbre, a todo lo positivo y se aferra a lo que usted tiene de negativo? «Sí, pero muchas personas lo hicieron mejor todavía que yo.» «Sí, pero rompimos dos meses más tarde.» «Sí, pero podía haberlo hecho mejor.» ¿Está dispuesto a renunciar a este «sí, pero»? ¿Está dispuesto a aceptar y a valorar su pasado; en sus palabras, en su tono de voz, en su postura y en su rostro? ¿Lo intentará verdaderamente, de todo corazón?

Esta práctica rompe el hábito del «sí, pero». Consiste en amar sus recuerdos de su pasado: recordarlos selectivamente e interpretarlos con un sí de todo corazón. Sin duda, esto es cultivar una manifestación del amor de sí mismo.

Práctica 124

HAGA LAS PACES CON SUS RELACIONES CON SU YO

Un hombre suplicó al Maestro que le perdonase sus pecados. Este le dijo que bastaba con que procurase que su mente no lo inquietara.

SRI RAMANA MAHARSHI

En esta práctica, usted aplica los métodos del capítulo 9 para hacer las paces con los recuerdos, los hábitos y las limitaciones que lo arrastran a un no de corazón dirigido a sí mismo. Encabece una página de su diario con la pregunta: «¿Qué me impide amarme a mí mismo?». Anote las respuestas que le vengan a la cabeza, por contradictorias e ilógicas que puedan ser. Para generar más respuestas, encabece una página con las palabras: «No me amo a mí mismo porque...». Anote todas las razones que pueda.

Con cada una de estas, recorra sistemáticamente las prácticas del capítulo 9 para mantener en paz sus relaciones. Quizá tenga que repetir muchas veces ese ciclo de prácticas para hacer las paces con alguno de sus recuerdos, pero el trabajo lo liberará para amar más intensamente y con más frecuencia. Sin duda, vale la pena el esfuerzo de hacer las paces con los recuerdos de su propio pasado.

Práctica 125

CONTEMPLE SU VIDA DESDE EL PRINCIPIO HASTA EL FIN

Piensa que todavía no has sido concebido, que estás en el seno materno, que eres joven, que eres viejo, que has muerto, que estás en el mundo de ultratumba; recoge en tus pensamientos todo esto a la vez, todos los tiempos y todos los lugares, todas las sustancias, todas las cualidades y todas las magnitudes juntas; así podrás captar a Dios.

HERMES

A esta práctica se le llama a veces la Práctica Hermética, pues la enseñaba Hermes (la sabiduría sacerdotal del antiguo Egipto) hace 2.200 años como camino para convertirse a uno mismo en «sustancia eterna». Imagínese a sí mismo ante un enorme lienzo, pincel en mano. Pinta su vida, aprovechando los colores y el lienzo de que dispone en cada momento. Los colores pasan de su pincel al lienzo, que es donde está el pasado. Cuando la pintura ha caído sobre el lienzo, ya no puede modificarla. Usted, como todos los demás pintores, ha extendido su pintura sobre su parte de este enorme lienzo, y allí se quedará para siempre, formando parte de la historia del universo.

Lo único que puede hacer sobre el pasado es elegir qué parte de él contemplar, cómo contemplarlo, cómo interpretarlo, qué relato contar de él y qué aprender de él.

La pintura siempre pasa de un futuro posible a un pasado determinado, y son sus decisiones las que la extienden sobre el lienzo, convirtiendo la posibilidad en realidad. Objetos, pensamientos, personas, amores, dolores, oportunidades: usted sigue añadiendo estas pinceladas una a una. Con sus decisiones, crea sucesos físicos y, al mismo tiempo, su experiencia interior de esos sucesos. Ejecuta un momento de alegría con la misma seguridad con que ejecuta una cena bien cocinada. Todo va al lienzo.

Mientras viva, sigue ante su lienzo construyendo su vida, pincelada a pincelada, eligiendo, contemplando y amando. En el lienzo no hay errores, no hay nada que deba arreglarse. Puede seguir aceptando la responsabilidad del cuadro, de elegir lo que elige de entre las posibilidades de que dispone. El mundo es la grabación de una obra teatral, en la que usted colabora como director, actor y público. Y el público forma parte del espectáculo. Usted no dirige toda la obra. Otras personas aportan algunas frases del argumento, y otras quedaron fijadas antes que que usted llegara al escenario. Usted no representa todos los papeles. Ni siquiera ve toda la obra. Su intervención no es más que una parte del espectáculo, ¡pero es una parte indispensable!

No olvide advertir las experiencias registradas en su pintura vital. Todo su amor está sobre el lienzo. Cuando haya creado significado donde solo había confusión y desesperación, habrá incorporado ese significado a la pintura. Cuando convierte el dolor o la pérdida en triunfo, habrá pintado ese triunfo, registrándolo de una vez para siempre.

Tenga compasión por sí mismo, ser humano capaz de cometer errores, cuya vida tiene delante. Empezó como un recién nacido, con sus padres concretos en su cultura concreta. Proseguirá hasta que haya traído del futuro su última posibilidad, pasándola por la realidad del momento para dejarla en la seguridad del pasado. Diga sí a lo que ha hecho, a las veces que ha amado, y a las veces que se ha defraudado a sí mismo y a los demás. Todo ello ha formado parte de su suerte como ser humano.

Todavía está ante el lienzo, pincel en mano. Ahora puede pintar su vida con conocimiento, con orgullo, disfrutando de todo. No sabe el significado que tiene su vida en el universo, pero puede confiar en que, amando, aporta algo a ese significado.

Los dedos y las cuerdas,
no abarcan la realidad última de la música.

RABINDRANATH TAGORE

El amor de sí mismo

Cada hombre es su propia obra maestra.

HENRY DAVID THOREAU

Para cultivar el amor de sí mismo tiene que decidir lo que es el amor de sí mismo. Sin duda, apreciar su propio pasado y hacer las paces con él es una forma de amor de sí mismo. Si decide lo que es digno de amor a base de juzgar méritos, se pone a sí mismo en un mundo en que juzgar adquiere una importancia fundamental. La voz del miedo (llamada a veces *ego)* dice entonces que usted debe tener un mérito especial para decirse sí a sí mismo.

Para crear un yo separado, debe marcar fronteras entre los demás y usted. Una manera de crear fronteras es diciendo no, mientras que decir sí es el camino hacia la unidad. El no es el camino del ego: «Eso no me gusta, eso no lo quiero». El sí es un acto de humildad: «Estoy dispuesto a aceptar eso». Siguiendo un camino de amor, usted disuelve la voz del ego a base de decir constantemente *sí,* sin que importen las circunstancias.

La presunción es compararse a sí mismo con los demás. No acepte la voz que le dice que el amor a sí mismo es el reconocimiento de que tiene cualidades especialmente buenas. Tiene cualidades humanas, que pueden ser juzgadas como buenas y pueden ser juzgadas como malas. Sean cuales sean sus limitaciones, y sea cual sea su pasado, sus cualidades humanas son suficientes por sí mismas para que se tenga amor a sí mismo.

A usted, como ser humano que es, no le es dado conocer las cualidades objetivas de su yo, pero puede ser capaz de conocer lo que *hace* su yo al ir viviendo la vida. Imagínese a sí mismo ante el lienzo que contiene el registro del pasado (vea la práctica 125), pintándolo mientras vive. ¿Qué hace usted a cada momento? *Decide.* Decide qué pintar, cómo abordar la pintura y cómo interpretarla. Y *siente.* Siente el acto de pintar y de ver el lienzo ante usted. Quizá todo lo que hace no sea más que eso: sentir y decidir.

Práctica 126

REGOCÍJESE CON TODOS LOS ASPECTOS DEL HECHO DE ESTAR VIVO

No es el cuerpo lo que amas, es la Vida: percibir, sentir, pensar, hacer, amar, aspirar, crear. Es esa Vida lo que amas, que eres tú, que lo es todo.

SRI NISARGADATTA MAHARAJ

En esta práctica, usted rompe las antiguas inhibiciones que le impiden deleitarse de todos los aspectos del hecho de estar vivo: su cuerpo, su pasado, sus capacidades, su conciencia, su libertad. Es el momento de ser exuberantes. Contémplese a sí mismo en el espejo, llámese por su nombre y dígase: «N., te amo». Recuerde un hecho de su pasado y disfrute de que esté allí, en el gran cuadro, donde seguirá para siempre. Sienta lo que ve con ojos nuevos, lo que oye con oídos nuevos, lo que saborea con una lengua nueva, y disfrute de todo ello. Diga: «La vida es maravillosa», y véala a través de ese asombro. Envíese amor a sí mismo. Afírmese a sí mismo: «Estoy amando». «Estoy muy contento de estar vivo.» Véase a sí mismo con alegría y con compasión, viviendo de la mejor manera que pueda en su camino de amor, confuso a veces, titubeante en ocasiones, pero siempre humano. Abrace a esa persona que sigue ese camino. Envíese a sí mismo una bendición.

Práctica 127

ENSEÑE SOLO AMOR

Enseña solo amor, porque eso es lo que eres.

UN CURSO EN MILAGROS

Durante diez minutos al día, contémplate a ti mismo como un verdadero ser divino, con la deliciosa misión de esparcir Luz por donde vayas. Contémplate a ti mismo repartiendo luz y placer sin inmutarte, sonriendo, creyendo en la paz y en la alegría y en la au sencia de dolor. Pruébalo. Descubrirás que es la cosa más contagiosa que te han transmitido jamás.

EMMANUEL (PAT RODEGAST)

Pruebe la práctica que describe Emmanuel. Ame como si fuera un gran maestro que enseña amor a los demás; porque verdaderamente *está* enseñándoselo a los demás, a todos los demás que entran en contacto con usted. Siempre que tenga dudas sobre lo que hacer, pregúntese qué haría un gran maestro del amor en esa situación.

A veces, voy cargado
de pena por mí mismo,
y mientras tanto
un gran viento me arrastra a través del cielo.

POEMA OJIBWA

14

Dios como camino hacia el amor, y el amor como camino hacia Dios

❧

Y dijo un viejo sacerdote: Háblanos de religión. Y dijo él: ¿Acaso he hablado hoy de alguna otra cosa?

JALIL GIBRÁN

El propósito de este capítulo es hacerle ver cómo puede aprovechar, si lo desea, su visión de Dios para profundizar el amor y el significado con el que siente la vida, y aprovechar a su vez el amor y el significado de su vida para profundizar su visión de Dios.

Las habilidades espirituales y las creencias religiosas

Aparte de nuestra religión
existen flores de melocotón,
existen flores de cerezo.

NANPOKU

Lo que importa hoy día no es la diferencia entre los que creen y los que no creen, sino la diferencia entre aquellos a los que les importa y a los que no les importa.

ABATE PIRE

Cuando se propone seguir un camino de amor, acepta un desafío espiritual de la vida. Si bien un camino de este tipo es un desafío para su intelecto, para su cuerpo y para todas sus habilidades, su esencia es un desafío para su espíritu: profundizar su experiencia con un significado es amor, sin que importen las circunstancias, y verter energía de amor sobre el mundo.

Las diversas tradiciones religiosas ofrecen incontables relatos y recuerdos que pueden servir a las personas para satisfacer su desafío espiritual y para enriquecer su experiencia de los hechos. En los siglos pasados, las personas jamás elegían su propia religión: les entregaban una cuando nacían, como única estructura religiosa verdadera, monolítica dentro de su cultura. Tenían que enfrentarse a su desafío espiritual dentro de esa estructura única.

Hoy día, usted se enfrenta a su desafío espiritual dentro de una libertad religiosa sin precedentes. Tiene las diversas religiones al alcance de una llamada de teléfono, de un paseo en coche o de una visita a su librería. Es libre de rechazar como simples supersticiones las tradiciones que dominaron las vidas de centenares de generaciones de personas. También es libre de basarse en tradiciones que solo unos pocos conocieron en épocas pasadas.

Las tradiciones religiosas, torneadas para sobrevivir en una monocultura, se adaptan con lentitud a las culturas pluralistas. Para ellas el cambio es una herejía. La creencia más común sobre la realidad es que solo existe una. Las personas ansían la conformidad de pareceres, e insisten en que los demás crean exactamente lo mismo que ellos creen. Cuantos más sean los que creen lo mismo, más fácil les resultará a ellos seguir creyendo.

Cuando un grupo de personas tienen un conjunto de creencias religiosas que parece que les da buen resultado a ellos, atribuyen este buen resultado a las creencias en sí, no a su propia habilidad para dar un buen uso a esas creencias. Están seguros de que todo el mundo sacaría un buen partido de esas creencias. Como solo existe una realidad, sus creencias son las únicas posibles que pueden dar buen resultado.

De este modo, las tradiciones religiosas prestan gran atención a *qué* es lo que creen las personas. Por desgracia, tienden a olvidar las habilidades espirituales necesarias para saber cómo aprovechar esas creencias para satisfacer los desafíos espirituales.

Práctica 128

¿QUÉ QUIERE DECIR DIOS PARA USTED?

Nuestra idea de Dios dice más de nosotros mismos que de Él.

THOMAS MERTON

La búsqueda de Dios es como andar buscando un buey mientras se cabalga en el mismo buey.

DICHO BUDISTA

En esta práctica usted clarifica los significados que introduce en cualquier análisis en el que intervenga Dios. Encabece una página de su diario con el título: «¿Qué quiere decir Dios para mí?». Anote todos los significados que le vengan a la cabeza. Entre ellos, no solo sus creencias personales sobre Dios, sino también el modo en que Dios se relaciona con la vida de usted. Encabece otra página con el título: «¿Qué quiere decir sagrado para mí?».

La naturaleza de las creencias

No es fácil experimentar lo que no resulta familiar, lo que no tiene nombre. Decimos: «Si no lo hubiera visto con mis propios ojos, no lo habría creído». Pero la frase debería ser esta: «Si no lo hubiera creído de todo corazón, no lo habría visto».

EDMUND CARPENTER

Considere lo que significa creer en algo. En la puerta de su casa, por ejemplo. Lleva en la cabeza un modelo muy elaborado del mundo exterior a usted. Ha tenido algunas experiencias sobre aquello a lo que la gente llama la puerta de su casa, de modo que lo ha incorporado al modelo en que basa su vida. Usted cree en esa puerta; de hecho, sabe dónde está y cómo usarla. Toma su existencia por supuesta, jamás duda de ella, y vive *como* si existiera. Siempre que quiere entrar o salir de su casa, se dirige a su puerta y esta funciona.

En estos tiempos, si cree que solo existe un modo de creer, el mismo modo que usted aplica para su puerta, entonces le parecerá imposible creer en Dios. Si bien parece que no tiene mucho donde elegir en lo que se refiere a la puerta, dispone de unas posibilidades ilimitadas en lo que se refiere a Dios. En esta cultura pluralista no se encontrará con una única manera de pensar en Dios que parezca verdadera, mientras que todas las demás parecen falsas. Todo el mundo que habla de Dios tiene algo diferente en la mente.

Puede decidir renunciar completamente a Dios, o bien conformarse con *tener fe* en Dios. Parece que la fe quiere decir que se tiene menos experiencia directa de Dios, menos pruebas para creer, y más esperanza. De modo que cierra los ojos ante su falta de pruebas y da un salto adelante.

Pero no tiene sentido saltar si el salto no *sirve* para satisfacer su desafío espiritual, para profundizar su experiencia y para inspirar significado, vida y amor en su existencia. Del mismo modo que creer en una puerta no le servirá para salir de la casa si no sabe cómo se corre el pestillo, las creencias por sí solas, por muchas que sean, no le ayudarán en su camino de amor. Usted conoce a personas que albergan todo tipo de creencias religiosas, y a otras que desprecian estas creencias tachándolas de engaños, sin que ello tenga consecuencias de ningún tipo sobre su capacidad de amor. Para amar se necesitan habilidades espirituales, no creencias religiosas.

Vivir «como si...»

Cuando una creencia llega a ser algo más que un instrumento, estás perdido. Sigues perdido hasta que aprendas lo que verdaderamente quiere decir «creencia».

IDRIES SHAH

El secreto del guerrero es que cree sin creer... Creer simplemente lo liberaría de examinar su situación. El guerrero, siempre que tiene que ocuparse de creer, lo hace como elección.

DON JUAN (CARLOS CASTANEDA)

Y este es mi secreto, un secreto muy sencillo: solo se puede ver bien con el corazón; lo esencial es invisible para los ojos.

ANTOINE DE SAINT-EXUPÉRY

Tratar la fe como sugiere Don Juan quiere decir vivir intencionadamente *como* si algo fuera cierto, con el propósito de sentir el mundo a través de su verdad, potenciando así nuestra creencia y amando más profundamente. Como usted no está acostumbrado a elegir por su propia cuenta estos «como si», puede sentir que se oponen a los hechos. Cuando usted no se vierte en ellos, *son* verdaderamente contrarios a los hechos, pero cuando sí lo hace, se convierten en hechos. Son verdades que esperan a ser creadas por alguien que tenga la fuerza de voluntad necesaria para crearlas.

Usted puede vivir como si ya recibiera aprobación, perdón, sin que importe lo que haya hecho, y como si las demás personas también estuvieran perdonadas, sin que importe si usted aprueba o no su conducta. Puede vivir como si confiara en que el universo que le ha creado supiera lo que se hace, aunque a usted no le guste lo que está sucediendo.

No es preciso que usted crea literalmente en sus «como si» de amor. El hecho de que deba aplicarse a tenerlos por verdaderos es lo que les da una utilidad espiritual. Esta cuestión de la verdad espiritual siempre ha perseguido a las personas que luchan con la fe religiosa, con las creencias y con las dudas. La puerta de su casa será su vía de entrada y de salida sin que importe cómo se la plantea. Pero para hacer uso del concepto de que Dios está en esta rosa para aumentar su amor por la rosa, tiene que hacer algo más que limitarse a decir: «Oh, sí, esto es Dios». Utiliza las palabras «esto es Dios» para evocar su entrega a la rosa, con admiración y con unidad. Es la entrega lo que hace divina la rosa, y no algo que esta tuviera antes de que llegara usted.

Así, la cuestión no es creer o no creer en Dios. Cuando tiene dentro de sí la divinidad, la proyecta hacia el exterior y ve a Dios. Por supuesto, esto ha sido así para las personas de todos los tiempos, y para las incontables imágenes de Dios que se formaban. Por eso han existido tantos dioses en la historia de la humanidad. Las diferentes imágenes conducen a realidades, conductas y experiencias diferentes, y las imágenes de Dios desprovistas de amor conducen a vidas desprovistas de amor. Si usted recorre un camino de amor, su interés último es amar. Entonces, su Dios es el amor.

Práctica 129

¿QUÉ CREENCIAS LE DARÍAN MÁS FUERZAS PARA AMAR?

Creer consiste en aceptar las afirmaciones del alma; no creer consiste en negarlas.

RALPH WALDO EMERSON

Explore en su diario la pregunta: «¿Qué creencias me darían más fuerzas para amar más profundamente, si las tuviera?». ¿Qué creencias le ayudarían a poner fin a sus miedos más profundos? ¿Qué creencias aliviarían su congoja? ¿Qué creencias le permitirían confiar en el universo o en Dios, le darían confianza en que la vida y el mundo siguen adelante como deben? ¿Qué creencias le ayudarían a mirar adelante, al futuro, no solo al suyo propio, sino al futuro de toda la humanidad y del mundo? ¿Qué creencias convertirían su amor en un manantial de energía de amor que se derramaría sobre el mundo? ¿Qué creencias darían mayor profundidad a su amor hacia su familia, sus amigos y las demás personas? Con las palabras de Emerson, ¿cuáles son las «afirmaciones del alma» que su mente no quiere permitirle creer?

En nuestra cultura resulta difícil mantener estas creencias: «Ojalá pudiera creer que mi trabajo significa verdaderamente algo para alguien». «Ojalá pudiera creer que Dios tiene unos planes para el universo, y que la vida, incluida la mía propia, no es un accidente sin sentido.» Estas creencias parecen muy ingenuas: ¿quién podría mantenerlas?

Usted podría mantenerlas; no como creencias de tipo reactivo, como las que alberga sobre la puerta de su casa, hechos que no le queda más remedio que creer, sino como creencias intencionadas, de las que toma intencionadamente una y *vive como* si fuera verdadera.

Práctica 130

PRACTIQUE EL ARTE DE «VIVIR COMO SI...»

La fe no es ciega. Es estar dispuesto a intentar.

SRI NISARGADATTA MAHARAJ

Esta es la primera de una serie de varias prácticas en las que usted se acerca a una situación mientras mantiene deliberadamente una creencia sobre ella que mejora su experiencia. Haga uso de su creatividad para descubrir una creencia que dé profundidad a su experiencia de calentamiento del corazón. Después, mantenga su creencia con toda la intensidad que pueda mientras se encuentre en esa situación.

Contemple el arroyo que reluce bajo el sol como si el sol bailase de alegría en el agua. Escuche el llanto de los que tienen hambre, de los que sufren abusos, de los abandonados como si fuera el llanto de sus propios hijos. Escuche cómo le arrulla la cigarra como si el universo tocara el violín para el disfrute personal de usted. Contemple a todas las criaturas de la tierra como si fueran sus hermanos y sus hermanas. Contemple a sus «enemigos», y a los «enemigos» de su país, como si fueran personas como usted: solitarias, asustadas, y que solo son peligrosas por el hecho mismo de estar asustadas. Viva como si la humanidad hubiera sido creada con el sentido común suficiente para superar los desafíos del futuro con paz y con satisfacción.

Elija una de las creencias de la lista que preparó en la práctica 129, y esfuércese por vivir como si fuera verdadera. Cuando acuda a su trabajo, sepa qué personas se benefician directamente de él, aunque jamás se lo reconozcan a usted, e imagínese vividamente cómo su esfuerzo y su cariño reverberan por toda su comunidad. Cuando se sienta inclinado al cinismo, sepa que el plan de Dios para el universo se está realizando, y que toda la vida, incluida la suya propia, participa en el amor, en el compartir y en el desarrollo mutuos. ¿Con cuánta intensidad puede volcarse usted en estas prácticas? ¿Cuáles son sus efectos sobre su experiencia?

Práctica 131

VEA UN MILAGRO

El que no cree en los milagros no es realista.

DAVID BEN GURION

Por lo que a mí toca, no sé más que de milagros.

WALT WHITMAN

En esta práctica, usted siente deliberadamente lo que lo rodea y su propia conciencia de ello como un milagro. Un milagro es algo extraordinario, algo cuya existencia en nuestra vida no comprendemos. Un milagro es algo de cuya presencia nos maravillamos, algo que no podemos quitarnos de encima con una explicación, algo cuya causa no es evidente ni trivial.

Si está dispuesto a acercarse al mundo y a sus supuestas explicaciones con admiración, las explicaciones se limitan a sumar un misterio a otro. Las explicaciones solo se quitan de encima un misterio si usted se lo permite. La cuestión es: ¿quién manda aquí? Usted no necesita aferrarse a lo que le ha enseñado una cultura que todavía está aprendiendo a vivir de una manera rica mientras está dominada por modelos científicos.

Asuma la actitud de admiración o de asombro, y acerqúese a algo con esa actitud. Puede ser su cepillo de dientes, el agua que utiliza para cepillárselos, o su periódico. Reflexione sobre lo que lo hizo llegar a su vida. Contemple con asombro los muchos sucesos que lo han hecho llegar hasta usted. El universo, y toda la conciencia que existe dentro de él, surgen del misterio, y todas las cadenas de causa y efecto se remontan hasta el misterio. Cultive un estado mental en el que hace uso de la cadena de causas y efectos, «esto fue causado por aquello, que fue causado por otra cosa...», para aumentar su asombro y su regocijo.

Practique el arte de ver lo milagroso en un objeto tan sencillo como un guijarro, y en una criatura tan compleja como una persona. Recuéstese en el suelo y contemple el cielo en una noche despejada, y, mientras lo hace, sepa que incontables miles de millones de personas han hecho lo mismo antes que usted. Busque milagros en su vida y disfrute de la experiencia de encontrarlos.

Dios como interés último

Dios es lo que nos interesa en último extremo.

PAUL TILLICH

Dios es una abstracción del modo de ser de la *humanidad.* Según el concepto que tiene Tillich de Dios, es el objeto de nuestro interés último. No se trata simplemente de nuestro interés, ni de nuestro interés verdadero, sino de nuestro *interés último.* Según ese concepto, puede amar a Dios en una encarnación concreta: en el calor de esta persona o de esa puesta de sol.

Para ello, adopte la postura de que *encontrará lo último en lo inmediato,* es decir, que encontrará a Dios en este objeto, animal o persona que tiene delante. Su reconocimiento de lo sagrado en lo ordinario no es una consecuencia directa de lo que tiene de sagrado o de ordinario lo que usted siente. «Ordinario» y «sagrado» son dos maneras de mirar la misma cosa. Usted no ama a esta persona o esta puesta de sol porque sean especiales. En un camino de amor, lo que tiene de especial cada individuo se convierte en el vehículo que lo conduce a usted a amar el todo. No ama a esta forma que tiene delante, sino a Dios. Las formas son humanas, o son árboles o nubes, y solo las formas están presentes para usted.

Esos ojos (sí, esos) son de Dios;
los ojos que miras y los ojos con los que miras.
Esta mano (sí, esta) es de Dios;
la mano que tocas y la mano con la que tocas.

Práctica 132

ENCUENTRE A DIOS EN ALGÚN OBJETO PRÓXIMO

Oigo a Dios y lo contemplo en cada objeto, pero no entiendo a Dios en absoluto.

WALT WHITMAN

El ideal del hombre es ver a Dios en todo. Pero si no eres capaz de verlo en todo, velo en una cosa, en esa cosa que te gusta por encima de todas, y después velo en otra cosa. Y sigue así.

VIVEKANANDA

Acérquese a algún objeto próximo como si fuera Dios, con la admiración, el asombro, el significado e interés último que asocia con Dios. ¿Con cuánta profundidad puede usted interesarse por él? ¿Cuánta riqueza de significado puede otorgarle? Este objeto que tiene delante participa de lo *último,* y está aquí para que usted lo estime, para que se regocije con él. Hágale justicia.

Vivir como si no es un salto de la fe, sino una postura que se adopta hacia la vida, elegida libremente. Ahora usted practica el arte de vivir como si el objeto fuera sagrado, como si fuera Dios. Siempre *vive como si.* No le queda más opción que plantearse la vida como si fuera algo, aunque no se trate más que de un nuevo suceso aburrido que le llene la jornada. Pero usted tiene libertad de elección. Puede vivir como si su vida dependiera del amor. Puede vivir como si Dios lo hubiera puesto aquí con el propósito de amar y de aprender.

Exprese su interés último por lo que tiene delante. Abrace a su hija como si ella fuera toda la humanidad que vendrá después de usted; acaricie a su amante como si su cuerpo fuera el cuerpo de Dios; acaricie a su perro como si fuera toda la vida del universo, y friegue el suelo como si fuera una ofrenda sagrada a su familia y a todo el mundo. Láncese a planteamientos de amor aunque parezcan tontos, para liberarse de los viejos hábitos del «no puedo» y del «es ridículo». Láncese a sí mismo a su «como si...». Hágalo más real que aquello a lo que usted suele llamar el mundo real. Viva «como si...» con todo su corazón, durante periodos cortos unas veces y durante periodos largos en otras ocasiones. Refuerce esta habilidad a lo largo de su vida.

Práctica 133

HAGA DE ESTE ACTO UN SACRAMENTO

El mundo está preso en su propia actividad, salvo cuando los actos se realizan como adoración a Dios. Por lo tanto, realiza todos tus actos de una manera sacramental.

BHAGAVAD-GITA

Los sacramentos son actos que convertimos en misterios sagrados por su dedicación voluntaria a significados espirituales. Lo que diferencia un acto secular de un acto sacramental es la intensidad con que se pretende o se desea una expresión espiritual, como la celebración, la alegría, la entrega y el asombro.

Haga de este acto un sacramento. Que sus actos aumenten el misterio sagrado de su vida por medio de la dedicación o consagración voluntaria. Si expresa un significado a través de sus actos, ellos suscitarán o evocarán significado a su vez. Cuando arranque una mala hierba, bendiga a toda la tierra que está alimentando a sus hijos y a incontables generaciones siguientes. Convierta su tacto en una caricia, su habla en poesía y en canción, sus movimientos en elegancia y en danza, su mirada en cariño.

Medite sobre cómo hacer alguna tarea diaria como un sacramento, con amor profundo: cocinar, pasear o hablar. Ensaye esta conducta: ¿Qué se dirá a sí mismo la próxima vez que realice este acto? ¿Cómo lo dirá? Después, cuando vuelva a realizar la tarea, no olvidará lo que se propuso; su planteamiento ensayado se adueñará de su mente y de sus actos.

Dios como Amor

Dios es amor; y el que vive en el amor vive en Dios, y Dios vive en él.

SAN JUAN

La afirmación «Dios es amor» no queda completamente clara. Pero no se pierda entre las dudas sobre si Dios es su ser amado, o si verdaderamente Dios está amando a través de usted, o si Dios es la experiencia de amor, o si Dios es el pensamiento de amar o la voluntad de amar, o si simplemente el hecho de amar es divino. Si su interés último es amar, entonces «Dios es amor» representa todas estas ideas a la vez. Usted puede dar energía a cualquiera de ellas para potenciar la espiral del amor.

En la práctica 132 trabajó con la idea de Dios como ser querido. Trabaje con estas otras ideas de Dios como amor, para descubrir en qué medida dan profundidad a su amor.

Práctica 134

EL AMOR COMO DIOS

El amor es Dios

LEÓN TOLSTOI

La mejor manera de conocer a Dios es amar muchas cosas.

VINCENT VAN GOGH

En esta práctica, usted se acerca a un ser querido como si fuera Dios el que ama a través de usted. Usted es un canal para el cariño, el regocijo, el *sí* de todo corazón de Dios. Cuando usted crea el *sí* al estimar a este ser querido. Dios crea el *sí.* Usted está amando, no como un simple puñado de tierra, sino como el espíritu de amor del universo. Está interpretando literalmente las palabras «Dios es amor», y las está llevando a la práctica.

Práctica 135

ACEPTE UN SÍ DE TODO CORAZÓN DE DIOS

Este Gran Dios, como una madre que se reclina sobre su hijo,
se arrodilló en el polvo, amasando una pella de barro,
hasta que la moldeó a Su propia imagen y semejanza;
después la sopló con el aliento de la vida,
y el hombre se hizo alma viviente. Amén. Amén.

JAMES WELDON JOHNSON

En la práctica 26 usted experimentó las impresiones de sus sentidos como el amor del universo que se dirigía hacia usted. En esta práctica llega más lejos y vive como si el sí que le dirige todo lo que hay en el universo fuera el amor de Dios. Acepte que Dios dijo sí para que usted naciera; que Dios le dice sí al proporcionarle aire para cada aliento, que le dice sí con cada comida, con cada vaso de agua; que Dios le dice sí en cada amigo, en cada pariente, en cada canto de un pájaro y en cada gota reluciente de rocío. Acepte que se sustenta a cada momento por un sí de todo corazón de Dios, a través del universo, y que si no fuera así usted no estaría aquí. Abra la puerta al amor de Dios, siéntalo, acéptelo. No busque segundas intenciones en Dios. Está bien que Dios le ame: usted lo merece. ¿Quién lo sabrá mejor que Él? «Dios es amor» quiere decir que Dios lo ama a *usted,* lo reafirma a *usted.*

Práctica 136

LA ORACIÓN. CONVIERTA LAS PETICIONES EN AFIRMACIONES

Pues el Gran Espíritu está en todas partes: oye todo lo que está en nuestras mentes y en nuestros corazones, y no es necesario hablarle en voz alta.

ALCE NEGRO

La oración y las afirmaciones están vinculadas estrechamente; la oración «llena mi corazón de amor» puede convertirse en la afirmación «mi corazón está lleno de amor». En cierto modo, encontrar una afirmación es una respuesta a la oración.

ALBERTO KONIGSBERG (WILLIAM ASHOKA ROSS)

Esta es la práctica que sugiere Konigsberg. Prepare en su diario una lista de peticiones personales que formularía si tuviera delante el oído de Dios, de cosas que pediría si la oración consistiera en pedir a Dios favores o bendiciones. Para cada elemento de su lista, no solo visualice que tiene delante el oído de Dios: visualice también la vida como si ya hubiera recibido el elemento. Escriba una afirmación, una declaración de que usted ya ha sido bendecido con dicho elemento. Puede escribir la afirmación con pocas palabras, por ejemplo: «Mi corazón está lleno de amor», o puede ampliar la afirmación escribiendo un párrafo o una página entera dando detalles de cómo es la vida con esta bendición.

Después de haber escrito estas bendiciones, déjelas donde pueda verlas y reléalas con frecuencia. Grábelas en cinta y escúchelas al levantarse, mientras conduce, al trabajar o al acostarse. Esta práctica transformará su vida, que dejará de ser una vida llena de vacío o de necesidad para convertirse en una vida de plenitud.

Práctica 137

QUE SU VIDA SEA SU ORACIÓN

La oración es la contemplación de los hechos de la vida desde el punto de vista más elevado. Es el soliloquio de un alma que contempla y que está llena de júbilo. Es el espíritu de Dios que declara que Sus obras son buenas.

RALPH WALDO EMERSON

Puede comprender la vida de varias maneras. Cuando la comprende como una cuestión que pide una explicación, encuentra el camino de la ciencia. Cuando la comprende como una celebración o un misterio que pide profundizar en él, encuentra el camino del amor. Puede seguir más de un camino a la vez. La vida es mayor que sus comprensiones.

Si el concepto de oración tiene significado para usted, entonces haga que su amor sea oración, la afirmación de todo corazón de la criatura al creador, su testimonio de lo que tienen de divinos la vida y el mundo.

Que su vida sea su oración, compuesta especialmente para expresar su amor. Sin que tenga importancia si el concepto de oración tiene significado para usted, vea su amor como la respuesta perfecta de un ser consciente ante la vida, una parte intrínsecamente buena del amor siempre creciente que llenará este planeta.

¿Y si fuera cierto, después de todo? Dime, ¿y si fuera cierto?

REBBE LEVI-YITZHAK

15

Comprometerse con el amor

Algo que estábamos reteniendo nos debilitaba,
hasta que descubrimos que era a nosotros mismos.

ROBERT FROST

La cuestión es cómo usar este libro para que sea algo más que un libro más; cómo usarlo para llenar su vida de entusiasmo, de regocijo y de asombro. La inercia le dice que siga como antes, y que siga esperando que se presente algo o alguien tan maravillosamente atractivo que usted reaccionará ante él o ante ello con amor.

Pero el camino del amor no es un camino de atracción por oposición a la repulsión; es un camino de compromiso, por oposición al olvido. El amor es un compromiso de pensar, ver y actuar con un *sí,* a pesar de las circunstancias, indeseadas a veces, y de los hábitos de toda la vida que nos impulsan en el sentido contrario. Estos hábitos, por fuertes que sean, no son más que hábitos, y puede reemplazarlos por hábitos de amor con solo acordarse de hacerlo.

El compromiso

Se aprende a amar amando... Empieza como un simple aprendiz, y el poder mismo del amor te impulsará hasta que llegues a maestro del arte.

SAN FRANCISCO DE SALES

El compromiso trae paz mental; no es el final del viaje, sino el final del caminar sin rumbo; no es el final de un camino, sino el final de la búsqueda de un camino.

LESLIE WEATHERHEAD

Su compromiso con un propósito de amor quiere decir afirmar que practicará regularmente el amor y que permitirá que el amor desempeñe un papel cada vez mayor en sus decisiones de todos los días. Con esa afirmación, confía sus decisiones futuras a la promesa que ha formulado, para que esta las custodie. Después, entre el fragor de la vida diaria, basa sus decisiones en lo que ha dicho que haría, en vez de basarlas en sus viejas costumbres o en cómo se siente en aquel momento o en lo que pueden aprobar los demás. Incluso cuando haya olvidado el motivo primitivo del compromiso, sabrá que su vida funciona mejor cuando mantiene su palabra y se ajusta a su propósito, y hace por tanto lo que dijo que haría.

El compromiso aporta a la vida un empuje de propósito, de tal modo que no somos zarandeados por cada miedo y por cada deseo. Actuar basándose en un propósito cambia el significado de lo que de otro modo podría ser un gesto, o un accidente, convirtiéndolo en una conducta constructiva para toda la vida.

Práctica 138

COMPROMÉTASE CON UN CAMINO DE AMOR

Cualquier cosa que puedas hacer, o que sueñes que puedes hacer, comiénzala.
El arrojo tiene genio, fuerza y magia dentro de sí.

GOETHE

Es mejor empezar por la tarde que no empezar nunca.

PROVERBIO INGLÉS

En esta práctica, usted registra por escrito su compromiso con un camino de amor. ¿Qué visión tiene ahora mismo de cómo será su vida por ese camino? ¿De qué manera dará entrada a su compromiso en sus decisiones, actos y conversaciones de todos los días? ¿Cómo afectará su compromiso a su trabajo, a su familia, a sus amigos, a su cuerpo, a su intelecto? ¿En qué medida está dispuesto a mantener su compromiso con este camino?

Comparta su declaración de compromiso con un amigo. Escríbala y déjela expuesta donde la lea todos los días. Grábela en cinta y escúchela con frecuencia. El compromiso es su herramienta principal para cambiar los hábitos de toda una vida. Trátelo con su respeto más profundo.

Práctica 139

MANTENGA SU PALABRA

Mi vida era un riesgo: ¡y yo lo asumí!

ROBERT FROST

El compromiso quiere decir que no nos hemos reservado una salida de emergencia.

CHARLOTTE JOKO BECK

Esta es la práctica de mantener sus compromisos; de practicar el amor y de dejar que el amor desempeñe un papel en sus decisiones a lo largo de cada día. Es una práctica continua de vigilancia en la cual su propósito es el que se expresa en su declaración de compromiso. No recurra únicamente a sus sentimientos actuales para que le digan lo que debe hacer; recurra a su compromiso. Los sentimientos son como nubes, que atraviesan su conciencia con cada brisa. El amor no es únicamente un sentimiento; también es una voz interior que usted potencia, y un acto que decide realizar.

Anote en su diario sus progresos y lo que lo desvía de su propósito, y visualice lo que hará mañana bajo las mismas circunstancias para no salirse del buen camino.

Práctica 140

SIENTA COMPASIÓN POR SÍ MISMO

Limítate a verte a ti mismo como un pionero en el largo viaje del aumento de la conciencia. Partimos hace millones de años. Es indudable que no llegaremos mañana.

KEN KEYES, HIJO

El compromiso con el amor le exige superar el miedo de no mantener su palabra, y la creencia de que si no mantiene su palabra se maldecirá a sí mismo como castigo. Las maldiciones y las críticas de sí mismo por ser un ser humano capaz de cometer errores lo desvían de un camino de amor. Surgen de la creencia de que las buenas personas no cometen errores, de modo que si usted comete algún error, deberá maldecirse a sí mismo por haberlo cometido, si quiere seguir siendo una buena persona.

Las ocasiones en que se defrauda a sí mismo no son más que nuevas ocasiones para practicar la compasión, para comprender que, como ser humano, es seguro que se seguirá defraudando a sí mismo de una manera u otra. La trampa no estriba en defraudarse a sí mismo, sino en degradarse a sí mismo por haberse defraudado a sí mismo. Un camino de amor no tiene meta; solo tiene propósito. Siempre estará caminando por él. Si se encuentra a sí mismo encaminado en un sentido que no le gusta, limítese a cambiar de sentido y siga andando. En vista de que en el desarrollo y en el amor son raros los progresos, atesórelos, ensálcelos, celébrelos cuando se produzcan. Cuando le parezca que no progresa, aprenda lo que pueda y siga adelante. No existe ninguna meta donde se pueda llegar. La vida no es una tarea, es un viaje alegre.

Práctica 141

MEDITE SOBRE UN PASAJE O SOBRE UN HECHO

Ya has hecho el trabajo visual.
Ahora haz tu trabajo de corazón
con las imágenes que tienes dentro.

RAINER MARIA RILKE

Elija una cita de este libro, o un relato, un pasaje, un poema, una canción, una obra de arte, una danza, una idea científica, o un hecho de su pasado, y deje que lo conmueva hasta producirle calor, apertura y confianza. Dedique diez o quince minutos a leerlo, pronunciarlo, pensarlo, contemplarlo, escucharlo, recordarlo o sentirlo. Prepare un despertador y mantenga su mente centrada en la obra. Sea uno con ella. Escriba libremente sobre ella. Deje que evoque una experiencia tan positiva como le sea posible. Si las voces le dicen que esto no tiene sentido, que es un tema equivocado, que quiere dejarlo, limítese a advertirlas y a volver al trabajo. El despertador le avisará de cuándo debe terminar este. Esta práctica garantiza que usted dedica más tiempo a los elementos más positivos de su cultura y menos a los más negativos.

¿Qué es la vida humana?

¡Alégrate de la vida! Porque te brinda la oportunidad de amar y de trabajar, de jugar y de contemplar las estrellas.

HENRY VAN DYKE

De cualquier modo que responda a la pregunta «¿Qué es un ser humano?», su respuesta evoca una experiencia que confirma la respuesta. De modo que tenga cuidado cuando se plantee estas preguntas y solo dé respuestas que quiere ver confirmadas por su vida.

Algunas cosas sobre los seres humanos son evidentemente ciertas: son conciencias encarnadas, aman y aprenden, han evolucionado hasta aprender a colaborar, y prosperan a base de colaboración, buscan visiones, tienen libertad de elección, y son criaturas que saben compartir y tener confianza mutua.

La vida humana es un viaje desde el nacimiento hasta la muerte, en el que las personas aman y aprenden, y del que no se llevan ninguno de sus trofeos. Los papeles y las posesiones de una persona, como son su matrimonio, su trabajo y su comunidad, no son cosas, sino posibilidades. Un matrimonio, por ejemplo, es una oportunidad, una posibilidad, un desafío para descubrir cuánto amor puede contener. Una casa, a la vez que es un objeto físico, se presenta ante una persona como una posibilidad de convertirla en el calor y en el amor de un hogar.

Práctica 142

¿QUÉ ES LA VIDA HUMANA?

La vida es una canción: cántala.
La vida es un juego: juégala.
La vida es un desafío: afróntala.
La vida es un sueño: realízala.
La vida es un sacrificio: ofrécela.
La vida es amor: disfrútala.

SAI BABA

En esta práctica, usted escribe sus propias respuestas a la pregunta: «¿Qué es una vida humana?», o bien completa varias veces la frase: «La vida humana es...». Cuando le venga a la cabeza una respuesta negativa o cínica, obsérvela para descubrir qué voz dice eso. ¿Por qué parece que algunas de sus voces se enorgullecen de sabotear lo positivo? ¿De qué pueden estarle protegiendo? ¿Lo protegen verdaderamente? ¿Existen modos de los que pueda sentirse seguro, que no sean reforzar estas voces?

Reflexione sobre su lista y descubra lo positiva, lo poderosa que puede ver a la humanidad. Vea su propia vida y las de todos los demás desde este punto de vista privilegiado. El sí que genera hacia usted mismo y hacia los demás reverberará por el mundo y se multiplicará muchas veces.

Práctica 143

CREE UNA VISIÓN POSITIVA DEL FUTURO

Mientras caminas, abres y creas el lecho del río que ocupará y por el que fluirá la corriente de tus descendientes... Unámonos, estrechémonos los unos a los otros, fundamos nuestros corazones... y mientras dure el calor de esta tierra, creemos para la tierra un cerebro y un corazón, demos un significado humano a la lucha sobrehumana.

NIKOS KAZANTZAKIS

Si bien la libertad de las personas se mide por el grado en que la afirman, también somos productos de nuestra cultura. Los que han vivido antes preparan las oportunidades y las limitaciones que llevan a la práctica los que viven después. Así, nuestra vida crea ineludiblemente un mundo para los que viven después de nosotros. Y la visión que tenemos del futuro no solo afecta a lo que hacemos, sino al amor con que lo hacemos.

Escriba una declaración positiva de la visión que tiene del mundo, dentro de diez años, de cincuenta y de doscientos. Cuando le vengan a la cabeza imágenes negativas, reconozca su validez, pero imagínese que la humanidad tendrá la sabiduría necesaria para superarlas. Comparta con otras personas sus imágenes positivas del mundo. Tenga presentes sus imágenes, como tiene presente el trabajo de toda su vida, y sepa que por medio de su vida está contribuyendo a convertir la Tierra en un planeta de amor.

Práctica 144

ESCRIBA CARTAS DANDO GRACIAS POR SU VIDA

Si la única oración que dijera en toda su vida fuera «gracias», bastaría.

MAESTRO ECKHART

Si fuera a morirse dentro de poco tiempo y solo pudiera hacer una llamada telefónica, ¿a quién llamaría y qué le diría? Y ¿a qué espera para hacerla?

STEPHEN LEVINE

La primera parte de esta práctica consiste en escribir una carta al universo, a Dios, o a toda la vida, expresándole su agradecimiento por la vida. Los momentos en que las circunstancias le hacen sentir que le resulta imposible hacerlo son los momentos más adecuados para ello. Puede dar las gracias al universo incluso con los ojos llenos de lágrimas. Cite a personas, objetos, capacidades y oportunidades concretas por las que se sienta especialmente agradecido, e incluya mensajes personales de agradecimiento. Si alguna de las personas que cita sigue viva, envíele copias de la parte que trata de ellos, si resulta adecuado. Relea esta carta de vez en cuando, y manténgala actualizada según vaya evolucionando su vida.

La segunda parte de esta práctica consiste en escribir una carta como si hubiera sido escrita poco después de morir usted por alguna persona que lo conoce y lo ama. Si no se le ocurre ninguna persona así que pueda estar viva cuando usted muera, invéntela. Haga que el escritor reflexione en la carta sobre su vida, tal como la conoce por observación directa, por referencias y por intuición. Haga que interprete su vida con compasión profunda, con respeto, con apreciación y con humor; lo que más adecuado resulte para expresar positivamente quién fue usted y lo que representó. No es momento para la modestia; es el momento de escribir una visión conmovedora de toda su vida tal como la ve alguien que le ama completamente, alguien que comprende lo que es ser el ser humano concreto e irrepetible que es usted, alguien que articula una visión de su vida con la que puede compararse usted y que usted puede disfrutar completándola.

He conocido amantes:
La flor del cerezo, el ruiseñor.
Dormiré contento.

ANÓNIMO

El autor

FRANK ANDREWS se crio en Manhattan, Kansas (EE. UU.). Se formó como científico; se licenció en la Universidad del Estado de Kansas y recibió el doctorado en Harvard. Desde 1967 ha sido catedrático en la Universidad de California en Santa Cruz. Ha estudiado en varias universidades principales de los Estados Unidos y de Europa, ha escrito varios libros sobre fisicoquímica, y ha recibido muchos honores por su labor científica y de enseñanza. Ha enseñado en las Universidades de Winsconsin, Harvard y Dartmouth.

Desde 1975, su terreno principal de estudio y de enseñanza ha sido la resolución de problemas generales, el desbloqueo psicológico, el aprendizaje de cómo afectan los valores de las personas a sus vidas, y de cómo amar sin que importen las circunstancias. En esta labor ha leído más de mil libros, ha asistido y dirigido incontables horas de seminarios, y ha aconsejado a un gran número de estudiantes. Formado como físico, busca ideas y técnicas que tengan la energía suficiente para afectar a la vida de los demás. Su planteamiento consiste en encontrar el orden a partir de los desórdenes intelectuales desconcertantes. Este es su primer libro que no trata de un tema científico; trata del amor, porque está convencido de que es el tema más importante que existe.

Vive con su mujer y sus dos hijas en Santa Cruz (California)